# AUTISMO E INTERSUBJETIVIDADE NA ESCOLA

Catalogação na Fonte
Elaborado por: Josefina A. S. Guedes
Bibliotecária CRB 9/870

M917a
2025

Mota, Carol
Autismo e Intersubjetividade na escola / Carol Mota, Marina Pinheiro. - 1. ed. - Curitiba: Appris, 2025.
209 p. ; 23 cm. - (PSI).

Inclui bibliografia.
ISBN 978-65-250-8246-2

1. Autismo. 2. Intersubjetividade. 3. Escolas. 4. Adolescência. 5. Dialogismo I. Pinheiro, Marina. II. Título.

CDD - 371.9

Livro de acordo com a normalização técnica da ABNT

Editora e Livraria Appris Ltda.
Av. Manoel Ribas, 2265 - Mercês
Curitiba/PR - CEP: 80810-002
Tel. (41) 3156 - 4731
www.editoraappris.com.br

Printed in Brazil
Impresso no Brasil

Carol Mota
Marina Pinheiro

# AUTISMO E INTERSUBJETIVIDADE NA ESCOLA

Appris editora

Curitiba, PR
2025

*A sessão da terapia acabou.*

*Benício, 6 anos, não queria que tivesse terminado.*

*A terapeuta antecipou, o final não chegou de surpresa, lhe foi informado que faltavam alguns minutos antes, tempo que foi diminuindo gradativamente para ele se preparar emocionalmente.*

*Já haviam conversado sobre o tempo anteriormente.*

*Mesmo assim, no final de tudo, ele disse:*

*– Eu não quero acabar.*
*– Mas o tempo acabou, Beni. Amanhã você vem de novo e nós podemos brincar mais!*
*– Mas eu não quero que acabe.*
*– Lembra que a gente conversou sobre o tempo? Que nós temos um tempo aqui?*
*– Sim, mas eu não quero acabar. Eu não quero.*
*– Eu entendo que você não quer, mas na vida é assim. As coisas têm um tempo.*
*– Eu quero desobedecer à vida.*

*(Trecho de um diálogo entre Carol, terapeuta DIRFloortime,*
*e Benício, uma criança autista, após sessão de terapia)*

# AGRADECIMENTOS

A cada criança, adolescente e suas famílias que cruzaram o meu caminho, por me ensinarem tanto nas vivências cotidianas no decorrer desses anos. É um privilégio para mim aprender com vocês sobre resiliência, força, coragem e amor. Vocês são o motor da minha luta por uma educação mais justa, respeitosa, sensível e humana.

À minha orientadora de doutorado, Marina Pinheiro, uma fonte de inspiração. Sou profundamente grata pelo aprendizado, pela sua competência, sabedoria e disponibilidade ao longo de toda essa jornada. Nosso encontro foi um presente. Embora nossos discursos tenham emergido de lugares distintos, havia neles uma essência comum que, ao se unificarem, reafirmaram e fortaleceram minhas convicções. Conhecê-la ampliou meu olhar e enriqueceu minha trajetória. Ser sua orientanda foi uma dádiva, e contar com sua interlocução tornou possível esta obra. O diálogo constante ao longo desses anos foi um aprendizado imensurável. Obrigada por sua dedicação, por compartilhar sua vasta experiência e por investir tanto do seu tempo no meu processo.

À família do adolescente participante deste livro, minha profunda gratidão. Obrigada por abrirem espaço para a pesquisa aqui realizada, pela disponibilidade e por contribuírem de maneira tão significativa para a construção de novos conhecimentos. Acima de tudo, sou grata por estarem ao meu lado nessa vida desde nosso encontro. Vocês são um presente em meu caminho, fazem parte desta jornada desde o princípio e seguirão sempre comigo, onde quer que eu vá, guardados em meu coração.

À escola de realização do estudo, em especial ao mediador, às professoras, à colega de classe do estudante e à coordenadora, que aceitaram colaborar com este livro e contribuíram de maneira significativa, pela abertura e disponibilidade. Sem vocês, esta obra não seria possível.

Agradeço à Coordenação de Aperfeiçoamento de Pessoal de Nível Superior (CAPES), pela concessão da bolsa de doutorado durante os anos de estudo, possibilitando a realização da pesquisa desenvolvida nesta obra.

Aprendi sobre o Transtorno do Espectro do Autismo (TEA) no lugar que me inunda de luz e amor: o Centro de Desenvolvimento Infantojuvenil (CDI). Espaço onde conheci, me aprofundei e passei a exercitar uma prática sensível, respeitosa e amorosa, sempre com um olhar atento à singularidade de cada pessoa autista e à riqueza das relações. O que aprendi e vivenciei nesse espaço é inestimável e deixou uma marca indelével na maneira como atendo e acolho crianças, adolescentes e suas famílias. Este livro é um encontro entre saberes construídos na academia e aqueles tecidos na experiência viva desse lugar.

Sempre levarei comigo uma profunda gratidão por Patrícia Piacentini, que me ensinou a enxergar as pessoas autistas com sensibilidade e humanidade, reconhecendo sua dignidade e sua perspectiva. Nunca esquecerei nossos dias de conversas longas e inspiradoras sobre a vida, dos nossos momentos de estudo e de seu incansável empenho em difundir o modelo DIRFloortime em um país que, por tanto tempo, desconheceu uma abordagem verdadeiramente respeitosa para as crianças autistas. Sua resiliência em sustentar e defender o que acreditamos foi e sempre será uma fonte de inspiração para mim. Que privilégio ser sua aluna e aprender com você, não apenas a teoria, mas *como* fazer na prática.

A cada professora e professor que dedicou seu tempo e olhar ao meu aprendizado desde a infância, minha mais sincera gratidão. À professora Clarissa Araújo, que me guiou em minhas primeiras pesquisas da graduação no Programa Institucional de Bolsas de Iniciação Científica (PIBIC). Ainda guardo com carinho as lembranças das nossas orientações e dos ensinamentos que me marcaram. Ao querido professor Everson Melquíades, cuja orientação foi um verdadeiro farol em minha trajetória acadêmica e pessoal, sou imensamente grata. Seu olhar sensível, atento e afetuoso fez toda diferença em meu caminho, e suas palavras de acolhimento sempre tiveram um lugar especial para mim. À professora Pompéia Villachan-Lyra, minha orientadora de mestrado, com quem tanto aprendi sobre desenvolvimento infantil com uma abordagem acolhedora e uma docência pautada na calma e na compreensão, deixo meu profundo agradecimento. À fonoaudióloga Juliana Maia, minha gratidão pelo acolhimento e pelas orientações no início da minha caminhada no modelo DIRFloortime com crianças autistas, sua tranquilidade ao ensinar foi essencial para minha formação. Os aprendizados ao seu lado deixaram uma marca especial em minha trajetória, guardo seus ensinamentos com carinho e reconhecimento. Que privilégio ser aluna, poder aprender de perto e contar com vocês como guias nessa caminhada.

Às queridas e amadas amigas Cynthia Melo, Gabriela Albernaz, Janaína Carvalho, Carol Macêdo e Eliana Saliba, minha profunda gratidão. Ao longo dos anos em que venho trabalhando com pessoas autistas, vocês estiveram ao meu lado em muitos momentos, sempre com amor e generosidade. Cada uma, à sua maneira, me ofereceu apoio e acolhimento, aspectos que foram essenciais para o meu crescimento em distintos momentos durante este processo.

Às pessoas que, a cada encontro em que apresento meu olhar diante da educação de pessoas autistas, remando contra a maré de abordagens tradicionais, me impulsionaram a continuar, me dando força em defesa do que acredito com palavras cheias de amor. Vocês me fortalecem para permanecer partilhando o que defendo.

À minha tia Mariluza e à minha avó Nina (*in memoriam*), por terem acreditado em mim inicialmente e contribuído para minha inserção no meio acadêmico. Vocês me ajudaram a construir meu caminho. À Gabi, por toda irmandade e companheirismo; pelo incentivo, pelo tempo dedicado a contribuir com meu processo e disponibilidade para ouvir minhas reflexões, obrigada por me fortalecer. A painho, por cada orientação dada com amor e cuidado; pelos afetos compartilhados nas nossas conversas matinais, sempre embaladas por música a caminho da escola; pelo zelo, suporte e incentivo constantes desde a minha infância, e por priorizar minha educação com amor. Seu empenho em me proporcionar uma formação de qualidade foram essenciais para que este livro pudesse existir.

Ao adolescente que inspirou esta obra e esteve presente nela, minha mais profunda gratidão. Você me apresentou o universo do autismo e transformou para sempre minha trajetória pessoal e profissional. Desde o primeiro instante em que te vi, você me iluminou, e desde então, sua presença tem sido uma luz na minha vida. Obrigada por tudo que me ensina ao longo dessa caminhada, por me guiar de forma tão assertiva ao meu propósito, e por me mostrar o que verdadeiramente amo fazer no mundo. Você é, sem dúvida, o meu maior professor nesta jornada.

De ninguém eu recebi mais apoio que de mainha. Mulher forte, inspiradora e admirável, cuja dedicação incansável tornou possível minha trajetória acadêmica. Se este livro existe hoje, é porque pude contar com seu amor e apoio incondicional no dia a dia – nunca esquecerei que só consegui me dedicar intensamente aos estudos porque tive você ao meu lado.

Ninguém chega só a lugar algum. Obrigada por estarem comigo me fortalecendo, impulsionando e contribuindo para que eu me movimentasse. Gratidão imensa a cada pessoa cujas vidas tocaram a minha e contribuíram para o nascimento desta obra.

**Carol Mota**

*O ano era 2010. Eu estava no terceiro período de Pedagogia e havia iniciado um estágio na Educação Infantil de uma escola particular. Éramos eu e minha grande amiga. Todos os dias íamos pela manhã para o estágio e à noite para a universidade. Um certo dia, em nossa pausa de alguns minutos no estágio, momento em que conversávamos, minha amiga, com os olhos cheios de lágrimas, me disse:*

*– Tô com muita vontade de chorar.*

*– O que foi?*

*– Me colocaram hoje com um menino com autismo. Eu tentei de tudo, mas ele não fazia nada.*

*– O que é isso? Nunca ouvi falar nessa palavra.*

*– São aquelas crianças que se isolam.*

*– Que se isolam? Como assim? Quem é ele?*

*– É aquele menininho do 3.º ciclo, que vem puxando a bolsa azul do Toy Story, do cabelinho preto liso e que tem um sinal na perna.*

*– Não sei, amiga. Fiquei curiosa. Nunca tinha ouvido falar em autismo... Bora passar no 3.º ciclo quando voltar pra que eu conheça ele e amanhã vamos trocar? Tu fica na minha sala e eu fico com ele.*

*Depois de conversarmos mais um pouco, voltamos para as atividades. No caminho, passamos pelo 3.º ciclo. A sala tinha cobogós – pequenos espaços vazados na parede – que nos permitiam enxergar o que acontecia lá dentro. A porta também ficava aberta, apenas com um portãozinho de meia altura. Através desses espaços, observamos. Faltava pouco tempo para iniciar o recreio, as crianças estavam no chão brincando e o garotinho encantador sentado de costas em uma das mesas lanchando sozinho. Olhei profundamente para ele. No outro dia, eu e minha amiga trocamos de sala e o conheci. E me apaixonei.*

*Este livro é para o meu garotinho do 3.º ciclo que iluminou meu caminho e mudou minha vida.*

# PREFÁCIO

A experiência escolar do adolescente autista costuma ser analisada sob duas lentes predominantes: a biomédica, que enfatiza déficits e adaptações funcionais, e a pedagógica normativa, que tenta enquadrar esses estudantes em modelos conservadores de ensino. As autoras desafiam essa abordagem tradicional, propondo um deslocamento essencial para um olhar inovador sobre a intersubjetividade autista. Não se trata de adaptar o aluno à escola, mas de repensar a escola a partir da singularidade desse estudante.

A originalidade desta obra reside na articulação magistral entre dois grandes pensadores da linguagem e da educação para decifrar a experiência do adolescente autista no ambiente escolar. Bakhtin nos ensina que o sujeito não é uma entidade isolada, mas se constrói na e pela linguagem, em um processo dialógico constante com o outro. A subjetividade, sob essa ótica, não é um dado, mas uma construção dinâmica, forjada nas trocas interacionais, nos encontros e desencontros de vozes que se entrelaçam no espaço social.

Paulo Freire, por sua vez, amplia essa compreensão ao situar o aprendizado como um ato essencialmente político e transformador. Aprender não é simplesmente absorver conteúdos, mas participar da construção de sentidos sobre o mundo e sobre si mesmo. Nesse cenário, a escola não pode se limitar a um papel passivo de transmissão de saberes. Precisa ser um espaço vivo de construção de significados, onde cada sujeito tenha voz ativa na produção de conhecimento.

Ao entrelaçar essas perspectivas, Carol Mota oferece um olhar profundamente revolucionário sobre a escolarização do adolescente autista. Ela demonstra que as interações escolares não são apenas cenários de socialização ou processos paralelos à aprendizagem formal. São elementos estruturantes da experiência subjetiva desses estudantes. Se a subjetividade se forma na relação com o outro, na disputa e na negociação de sentidos, então a maneira como a escola organiza esses espaços de interação afeta diretamente a construção de significado para o adolescente autista.

Essa abordagem desloca a discussão da mera adaptação para uma reflexão mais profunda sobre como a escola pode (ou não) favorecer esse processo de construção subjetiva. A inclusão só será autêntica quando o adolescente autista for reconhecido como um sujeito ativo no tecido dialógico, e não como um estranho a ser adaptado a um modelo escolar preexistente.

Essa perspectiva nos obriga a olhar para o ambiente escolar como um espaço onde as relações interpessoais – com professores, colegas e mediadores – são fundamentais para que o estudante autista construa significados e encontre sua forma única de estar no mundo. Mas isso só é possível em um ambiente receptivo, o que demanda uma formação docente sensível à diversidade e uma escola disposta a romper com a padronização.

As videogravações, os relatos e as entrevistas coletadas revelam a complexidade das interações escolares em sua forma mais crua, expondo as tensões, os deslocamentos de sentido e os ajustes mútuos que permeiam a experiência do adolescente autista. Essas interações, longe de serem obstáculos à inclusão, são o próprio motor do processo educativo. É nesse entrelaçamento de vozes, e não na homogeneidade de pensamentos, que o aprendizado se constrói e a subjetividade se afirma.

Os momentos de tensão não são falhas na inclusão, mas indicadores da necessidade de reorganização mútua entre o estudante e o ambiente escolar. A incompreensão diante de gestos ou expressões, a dificuldade em interpretar regras sociais e o choque entre diferentes formas de comunicação revelam não a inadequação do adolescente autista, mas as limitações de um modelo escolar inflexível. Quando trabalhados com sensibilidade, esses conflitos tornam-se oportunidades para a escola repensar suas práticas.

Os deslocamentos de sentido, por sua vez, desafiam o caminho esperado da comunicação escolar. Eles exigem negociações constantes de significado e ajustes nas formas de interação. Para o adolescente autista, essas reconfigurações são essenciais, pois sua experiência do mundo frequentemente desafia a previsibilidade e a linearidade das rotinas escolares. Esses deslocamentos, ao invés de obstáculos, podem ser vistos como pontos de inflexão, onde novas possibilidades de ensino e novas formas de comunicação emergem.

Esses ajustes são contínuos, dinâmicos e exigem um olhar atento dos educadores para reconhecer que cada estudante constrói sua relação com o aprendizado de maneira singular. É nesse espaço de tensão, deslocamento e negociação que a educação realmente acontece. A escola não deve ser um local de adequação forçada, mas um ambiente onde as diferenças sejam vistas como parte essencial do processo formativo, porque é na troca entre diferentes formas de perceber e interagir com o mundo que se constrói um ensino verdadeiramente significativo.

Ao propor esse deslocamento de perspectiva, Carol Mota nos desafia a repensar o papel da escola na constituição do sujeito, questionando as limitações das práticas inclusivas tal como são implementadas hoje. Se a intersubjetividade é o que nos permite existir socialmente, negar ao estudante autista o direito à interação plena é negar-lhe a própria possibilidade de significar o mundo.

Carol Mota nos conduz por uma jornada intelectual provocadora, confrontando concepções enraizadas sobre inclusão e intersubjetividade. Este não é um livro que apenas descreve, mas que instiga, exige reflexão crítica e convida à ação. Desafia-nos a reconhecer o impacto das interações escolares na construção da subjetividade, a compreender a escola como uma arena viva de sentidos e, acima de tudo, nos convoca a transformar a realidade educacional.

Porque enquanto a escola insistir em normalizar a diferença, continuará excluindo sob o disfarce da inclusão.

**Guilherme de Almeida**

*Autista. Doutorando pela Faculdade de Educação da Unicamp – bolsista CAPES de Excelência Acadêmica. Mestre na mesma instituição e bacharel em Direito pela PUC/PR. Atua na linha de frente da inclusão e direitos das pessoas autistas como presidente da Autistas Brasil, entidade de referência nacional. É o único pesquisador brasileiro integrante do Stanford Neurodiversity Project, onde participa dos comitês de Inclusão no Ensino Superior e no Mercado de Trabalho. Também integra o Grupo de Estudos e Pesquisas PAIDEIA da Unicamp e o Comitê dos Direitos de Pessoas com Deficiência no âmbito judicial do Conselho Nacional de Justiça (CNJ).*

# LISTA DE ABREVIATURAS E SIGLAS

**AT** Acompanhante Terapêutico

**CAPES** Coordenação de Aperfeiçoamento de Pessoal de Nível Superior

**CDI** Centro de Desenvolvimento Infantojuvenil

**DSM** Manual de Diagnóstico e Estatística dos Transtornos Mentais

**EUA** Estados Unidos da América

**IBGE** Instituto Brasileiro de Geografia e Estatística

**OMS** Organização Mundial de Saúde

**PIBIC** Programa Institucional de Bolsas de Iniciação Científica

**SciELO** Scientific Electronic Library Online

**TDAH** Transtorno de Déficit de Atenção e Hiperatividade

**TEA** Transtorno do Espectro do Autismo

**TGD** Transtorno Global do Desenvolvimento

**TGD SOE** – Transtorno Global do Desenvolvimento sem outras especificações

**UFPE** Universidade Federal de Pernambuco

# SUMÁRIO

1

INTRODUÇÃO .......... 21

1.1 CONCEPÇÃO DE SUJEITO E DE MUNDO .......... 26

2

AUTISMO, RELAÇÕES INTERSUBJETIVAS E O CONTEXTO ESCOLAR .......... 33

2.1 AUTISMO .......... 33

2.1.1 Breve histórico .......... 33

2.1.2 Autismo e a caracterização de um universo singular: aspectos sociocomunicacionais e sensório-motores .......... 38

2.1.3 Vozes autistas: experiências subjetivas em primeira pessoa .......... 44

2.1.4 Autismo e adolescência .......... 55

2.2 INTERSUBJETIVIDADE E DIALOGISMO: CONTRIBUIÇÕES PARA O DESENVOLVIMENTO HUMANO .......... 59

2.2.1 Eu-outro-mundo: aproximações entre Paulo Freire e o dialogismo bakhtiniano .......... 64

2.3 COGNIÇÃO E O CONTEXTO ESCOLAR NA PERSPECTIVA HISTÓRICO-CULTURAL .......... 68

2.3.1 Cognição e cultura .......... 68

2.3.2 Estudantes autistas: contribuições da perspectiva histórico-cultural para educação .......... 71

2.3.3 Diversidade na escola: educação inclusiva .......... 76

2.3.4 Corpo, afeto e linguagem na experiência do/da estudante autista .......... 82

3

PERCURSO DA PESQUISA .......... 87

3.1 JUSTIFICATIVA DA ABORDAGEM METODOLÓGICA .......... 87

3.2 PARTICIPANTES E CAMPO DE INVESTIGAÇÃO .......... 88

3.3 INSTRUMENTOS E PROCEDIMENTOS .......... 92

3.4 PROPOSTA DE ANÁLISE DE DADOS .......... 99

4
ANÁLISE E DISCUSSÃO DOS RESULTADOS .............................. 103
4.1 DIÁRIOS AUTOETNOGRÁFICOS DO COTIDIANO DO ADOLESCENTE .... 103
4.2 ENTREVISTA COM O ADOLESCENTE AUTISTA .......................... 113
4.3 ENTREVISTA COM OUTRIDADES SIGNIFICATIVAS ...................... 133
4.4 CONTEXTO ESCOLAR ................................................ 153
4.4.1 Videografias em sala de aula ............................................. 154
4.4.1.1 Aula de Matemática ................................................. 156
4.4.1.2 Aula de Geografia ..................................................... 167
4.4.2 Observações com uso de diário de campo ............................. 174
4.4.2.1 Aula de Artes ......................................................... 174
4.4.2.2 Intervalo ................................................................ 178
4.5 SÍNTESE DO TRABALHO ANALÍTICO EMPREENDIDO ................... 181

6
CONSIDERAÇÕES FINAIS ................................................ 193

REFERÊNCIAS ............................................................ 201

1

# INTRODUÇÃO

Neste livro, realizamos uma investigação – à luz da perspectiva dialógica, semiótica e cultural (Simão, 2010; Valsiner, 1993, 1998; Pinheiro, 2010; Guimarães, 2010) – sobre particularidades da dinâmica intersubjetiva eu-outro-mundo, no contexto escolar de um adolescente autista. Buscamos, assim, lançar luz sobre a centralidade dos modos de relação eu-outro e seus possíveis impactos neste contexto.

Antes de passarmos às questões específicas do presente estudo, torna-se importante abordar o que está contemplado no diagnóstico do TEA, para então discutirmos como será realizada a leitura dessa condição subjetiva nesta obra e quais serão as principais questões abordadas.

Inicialmente, em 1943, o autismo foi considerado como uma psicose, especificamente como uma esquizofrenia precoce. Desde a década de 1940 até os dias atuais, os estudos sobre autismo têm acumulado conhecimentos importantes em diversas áreas. No Manual de Diagnóstico e Estatística dos Transtornos Mentais, 5.ª edição, de 2013 (DSM-5) – feito pela Associação Americana de Psiquiatria –, o autismo pertence à categoria denominada *transtorno de neurodesenvolvimento*, sendo nomeado Transtorno do Espectro do Autismo (TEA).

Na 4ª edição do DSM (1994), para considerar-se o diagnóstico de TEA, era necessário o comprometimento de três áreas: 1) Interação Social; 2) Comunicação; 3) Comportamentos repetitivos e interesses restritos. No DSM-5 (2013), o transtorno se caracteriza por déficit em apenas duas dimensões: sociocomunicativa e comportamental. Na versão mais atualizada e revisada do DSM-5, o DSM-5-TR (2022), há cinco condições obrigatórias para o diagnóstico. São elas: 1. Déficits persistentes na comunicação e na interação social; 2. Comportamentos restritos e repetitivos; 3. Sintomas presentes no início da infância; 4. Prejuízos significativos na vida diária; 5. Exclusão de outra condição que explique melhor os sintomas.

No que se refere à etiologia, de modo geral, as pesquisas atuais revelam a influência de fatores genéticos e ambientais (Grandin, 2015). "Não existe um marcador biológico específico que o caracterize; acredita-se em uma multicausalidade com fortes indícios de um componente genético" (Caminha, 2013, p. 10). A versão revisada do DSM-5, o DSM-5-TR (2022), traz uma menção às questões sensoriais e motoras ao destacar os padrões repetitivos e restritos do comportamento, atividades ou interesses, destacando movimentos motores e hiper ou hiporresponsividade a estímulos sensoriais. Atualmente nos debates sobre autismo as questões sensoriais e motoras vêm ganhando espaço (Fiore-Correia; Lampreia, 2012; Caminha, 2013; Grandin, 2015; Whitman, 2015), pois tanto respostas não esperadas a estímulos sensoriais como desafios no desenvolvimento motor são frequentes para pessoas autistas.

Embora considerando as contribuições do DSM ao longo da história nos estudos sobre o TEA, buscamos nos distanciar da perspectiva médica e nos aproximar da singularidade da pessoa autista. Neste livro, compreendemos o autismo como uma condição do neurodesenvolvimento, o que significa afirmar que a pessoa pode apresentar desafios nas dimensões social, comunicativa, afetiva, cognitiva e sensório-motora, tanto na forma como se expressa quanto na maneira como percebe e lida com as resistências no cotidiano do estar-com-os-outros. Tais diferenças impactam significativamente o desenvolvimento da pessoa em diversas áreas. Nesta ótica, a expressão *neurodivergente* é usada para se referir às pessoas que apresentam um funcionamento subjetivo e, potencialmente, neurológico diferente do padrão.

Considerando as colocações destacadas, a relação eu-outro é um desafio para pessoas autistas e para aquelas que se relacionam e convivem com quem vive essa condição. Levando em conta as relações intersubjetivas na escola, reflexões conectadas a essa dimensão são fundamentais, da mesma forma que seus impactos no desenvolvimento das pessoas autistas. Para esses sujeitos, a linguagem e a comunicação apresentam alterações significativas, o que impacta as relações que são estabelecidas com os outros e com o mundo no processo de interação. A possibilidade de interagirmos com os outros gera "demandas de negociação intersubjetiva e eventual transformação nos significados de nossas experiências, que buscaremos novamente partilhar com outros, e assim por diante" (Valsiner, 1998, *apud* Simão, 2010, p. 33). Dessa forma, a intersubjetividade é um acontecimento temporário, processual e que se reconstrói continuamente no processo de interação e sintonização entre os sujeitos.

As relações intersubjetivas possibilitam a reconstrução constante do sujeito no contato com os outros. A partir das reflexões íntimas – em que dialogamos com nós mesmos – e/ou dos significados compartilhados entre duas ou mais pessoas, as transformações do nosso *self* dialógico – tudo aquilo que reconheço como meu e como próprio; e que só existe em relação ao outro, em diálogo – emergem. Sendo assim, consideramos que o contexto escolar, enquanto espaço onde existe o processo de produção e transformação do conhecimento nas relações eu-outro-mundo requer, necessariamente, a constituição de um campo intersubjetivo. A partir de tais colocações, surge o questionamento que guia o presente livro: como as dimensões do corpo, do afeto e da linguagem da pessoa autista atuam e coconstroem o campo intersubjetivo no contexto escolar?

Simão (2010, p. 94) destaca que "cada ator em interação transforma ativamente as mensagens comunicativas recebidas do outro, tentando integrá-las em sua base cognitivo-afetiva a qual, por sua vez, também pode sofrer transformações durante esse processo", sendo assim, compreender a vivência do adolescente neurodivergente em relação ao contexto escolar e as relações eu-outro-mundo nos possibilitou ampliar nosso olhar a respeito das relações intersubjetivas na escola, bem como peculiaridades referentes à sua subjetividade. Além disso, buscamos a realização de uma aproximação à singularidade da experiência do aprendiz diante das situações educacionais e cotidianas que vivencia com os outros e com o mundo. Acreditamos que é nesse contexto de trocas interativas com o outro que a constituição de um sujeito e de sua subjetividade acontece. Por esse fator, buscamos considerar o contexto interacional espontâneo, bem como a percepção de outridades significativas e do próprio sujeito em relação às suas vivências. Tais fatores contribuíram para uma compreensão mais ampla a respeito de todo processo investigado.

O contexto escolar se caracteriza por ser um ambiente interacional que visa a construção de saberes, habilidades e competências. A escolha por esse espaço se deu por conta de sua centralidade no desenvolvimento no contexto das sociedades contemporâneas letradas. Nosso foco foi a intersubjetividade emergente desse contexto, ou seja, investigar a intersubjetividade que surge nesse tipo de conjuntura formativa, em que as pessoas passam a maior parte do tempo, desenvolvendo não só saberes acadêmicos, mas também sócio-relacionais. Buscamos destacar como figura fundamental da reflexão processos intersubjetivos marcados por assimetrias que são atreladas à condição e, por esse fator, trazem consigo alguns impasses comunicacionais e interacionais, tendo um forte impacto sobre como o/a aprendiz se engaja no processo de construção de significado sobre a relação eu-outro-mundo. Por esse motivo, o ambiente onde a investigação que embasa o presente volume foi realizada é pedagógico/educacional, uma vez que ele dialoga com o desenvolvimento do adolescente, trazendo impactos significativos para sua vida como um todo.

Consideramos de extrema importância mergulhar na noção de intersubjetividade, especialmente diante da complexidade da pessoa autista e do fato de que cada participante em interação transforma ativamente as mensagens culturais. Deste modo, precisamos considerar a questão da bidirecionalidade presente no contexto escolar e que os/as docentes também aprendem na interação com aprendizes. Optamos por refletir levando em consideração vários aspectos (observação do contexto, perspectiva do mediador, de responsáveis, do irmão e de uma colega de classe) e a singularidade do adolescente autista, por entender sua relevância para termos uma compreensão mais aprofundada a respeito do tema estudado. A partir de nossa compreensão sobre as dificuldades relacionais das pessoas autistas e sua importância no contexto escolar, educadores e educadoras têm um papel fundamental para ultrapassar as barreiras existentes no campo da ação, devendo disponibilizar sempre experiências significativas, visto que as relações intersubjetivas desempenham um papel fundamental no desenvolvimento e na aprendizagem.

No percurso escolhido, a perspectiva de cada participante envolve os posicionamentos pessoais na experiência vivida. Nesse aspecto, concordamos com Guimarães (2010, p. 15) quando este destaca que "a perspectiva pessoal é construída na relação social com outras pessoas". Desse modo, tanto a compreensão que o adolescente tem de si com os outros, quanto conhecer o olhar das outridades significativas, contribuiu para uma compreensão mais profunda a respeito da realidade investigada.

Para verificar as produções científicas do Brasil sobre as temáticas aqui discutidas, em uma pesquisa no Portal de Periódicos da Coordenação de Aperfeiçoamento de Nível Superior (CAPES), no portal de periódicos e no banco de teses e dissertações, e no Scientific Electronic Library Online (SciELO), percebemos que as temáticas discutidas neste livro conjuntamente ainda são pouco problematizadas. Dentre todo o material encontrado, não verificamos nenhum artigo, nenhuma tese ou dissertação que unisse todas as áreas aqui investigadas conjuntamente: autismo, intersubjetividade, adolescência, contexto escolar e dialogismo. Assim, consideramos de fundamental importância a realização de uma investigação que possa aprofundar os estudos neste campo.

Considerando que as relações intersubjetivas desempenham um papel fundamental no desenvolvimento das habilidades sociais e na escola, o ***objetivo geral*** da pesquisa apresentada nesta obra foi analisar as especificidades comunicativas e interacionais da dinâmica intersubjetiva eu-outro-mundo, no contexto escolar de um adolescente autista. Para tanto, os seguintes ***objetivos específicos*** foram traçados: 1) Caracterizar dimensões do corpo, do afeto e da linguagem atuantes nas relações intersubjetivas do adolescente autista; 2) Descrever como as outridades significativas (pai, mãe, mediador, irmão e colega de classe) compreendem as trocas estabelecidas com o adolescente; 3) Analisar, no contexto escolar, como as trocas intersubjetivas são coconstruídas na relação entre o adolescente e as outridades; e 4) Explorar como o adolescente significa as relações eu-outro-mundo e o contexto escolar.

Considerando o percurso descrito, é relevante refletir sobre a escolha do título desta obra. Ao escolher o título *Autismo e intersubjetividade na escola*, partimos do entendimento de que não é o autismo, como condição, que se apresenta nos espaços escolares, mas sim pessoas autistas, com suas subjetividades, histórias e modos próprios de existir e se relacionar. O estudo de caso apresentado neste livro é um ponto de partida para reflexões mais amplas sobre as formas de ser, de estar e de construir relações no contexto escolar. Dessa maneira, a menção ao "autismo" no título não pretende reduzir o sujeito à sua condição diagnóstica, mas, antes, indicar o campo de experiências, sentidos e encontros que atravessam a vida de pessoas autistas na escola. Este livro, assim, busca valorizar essas vivências singulares e provocar a ampliação do olhar sobre a intersubjetividade no espaço educativo.

A partir deste ponto, antes de adentrarmos no marco teórico da obra, exploraremos nesta seção as bases epistemológicas que fundamentam o estudo desenvolvido. Na sequência, o enquadramento teórico será apresentado em três tópicos principais, que têm por objetivo fornecer subsídios para a compreensão da obra. Para isso, iniciaremos com uma discussão sobre o Transtorno do Espectro do Autismo (TEA), na qual serão apresentadas as principais ideias encontradas na literatura, aspectos subjetivos e identitários das pessoas autistas. Em seguida, iremos discutir/problematizar Intersubjetividade e Dialogismo, com ênfase na sua relevância para o desenvolvimento humano e questões educacionais. E, por fim, a terceira seção abordará uma discussão sobre o Contexto Escolar. No capítulo seguinte será apresentado o percurso metodológico utilizado no estudo, seguido da análise e discussão dos resultados e das considerações finais.

Diante dos aspectos aqui abordados, este livro mostra-se relevante, uma vez que soma esforços na busca de uma compreensão mais ampla sobre estudantes autistas na escola, reconhecendo as colocações dos/das participantes no processo, e pela busca por alternativas para adequações metodológicas para esse público. Percebemos, também, a importância de tecer contribuições a partir dos resultados encontrados para o desenvolvimento de outras pessoas autistas considerando as relações intersubjetivas e o contexto escolar.

## 1.1 CONCEPÇÃO DE SUJEITO E DE MUNDO

Como ponto de partida no processo de construção de novos conhecimentos, alguns conceitos como *epistemologia* e *ontologia* são de extrema importância para compreensão das contribuições filosóficas e psicológicas que permeiam este estudo. A epistemologia é um campo que está entre a filosofia e a ciência. Ela busca compreender como construímos conhecimento, quais são os limites desse processo e quais questões éticas estão envolvidas quando interpretamos a relação entre o sujeito e o mundo. Em outras palavras, a epistemologia é uma teoria do conhecimento. Poderíamos dizer que se trata de um estudo reflexivo do saber, de sua organização, formação, funcionamento e desenvolvimento, como também de suas possibilidades e limites.

Por ontologia, compreende-se as dimensões das perspectivas filosóficas no tocante à natureza do ser e da existência (Bunge, 1980). A psicologia sem o fundamento ontológico não seria capaz de construir as premissas por meio das quais os recortes teóricos e fenomenológicos são construídos, por isso a importância do diálogo com o campo da filosofia para ampliar a visão do humano, do mundo e compreender o universo psicológico de modo mais amplo e profundo.

Nesse sentido, Edgar Morin (2007, p. 125-126) nos diz que "precisamos pensar/repensar o saber, não sobre a base de uma pequena quantidade de conhecimentos como nos séculos XVII e XVIII, mas considerando o estado atual de dispersão, proliferação, parcelamento dos conhecimentos". Com base nisso, a contribuição da transdisciplinaridade busca a convergência entre as ciências, diminuindo a distância teórica entre elas a partir de um trabalho harmonioso. Como destacado por Nicolescu (1996), o saber transdisciplinar não está preso às barreiras impostas pelas disciplinas, ele tem a capacidade de ultrapassá-las, está além delas e age na face que emerge da interação entre elas.

A transdisciplinaridade surge como uma proposta que apresenta vinculação à complexidade, ao pensamento complexo e epistêmico. Para Morin (2011), os fenômenos não são simples. Eles são compostos por um emaranhado de informações e o pensamento complexo é profundo e interligado. Ele se aproxima da realidade e seu grande desafio é poder estabelecer uma articulação entre os mais diversos campos de pesquisas. Partindo dessa perspectiva, assim como o autismo, diversos fenômenos complexos podem ser compreendidos de forma mais aprofundada por meio de uma colaboração dialógica entre conhecimentos de diferentes campos. Neste livro, o princípio do diálogo é entendido como um elemento que possibilita a apreensão e compreensão da realidade e dos diferentes modos de ver, pensar e interpretar o mundo complexo.

Com uma teoria filosófica no campo da linguística – crítica literária, filosofia da linguagem e ética –, Bakhtin (1988; 2012) foi um dos principais representantes do dialogismo e nos oferece uma perspectiva estética – com a ideia de totalidade permanentemente inacabada e única – ao entendimento dos processos de subjetivação, com destaque para a singularidade humana (Pinheiro, 2010). Para ele, a linguagem é de natureza social e não individual, e envolve a experiência do relacionamento entre sujeitos e vozes históricas. Conceitos como dialogismo, responsividade/respondibilidade/responsabilidade, singularidade/unicidade, alteridade, autoria, outridade e excedente de visão apontam para alguns lugares teóricos que são imprescindíveis para compreensão do todo nesta obra. Por conta desse fator, consideramos que esses princípios constituem a base que orienta nosso olhar, pois apontam para marcadores da singularidade na experiência humana – uma experiência que se recria constantemente em diálogo com a realidade, em um jogo de forças entre opostos.

De acordo com essa perspectiva filosófica, a capacidade de responder ao ambiente é a prova de vida, da vida como relação, plena de possibilidades de onde emerge a definição do conceito de *responsividade*.

Considerando os diversos tipos de respostas ao meio, é possível destacar que toda responsividade traz consigo uma responsabilidade para os humanos, uma resposta com responsabilidade ética – atos responsivos. "Porque na realidade cada pensamento meu (cada experiência vivida, cada ato), juntamente com seu conteúdo, constitui uma ação individualmente responsável – *minha* ação ou realização individualmente responsável" (Bakhtin, 2012, p. 14).

Mesmo quando uma situação se repete entre os seres humanos, cada um responderá de modo único, marcado pela imprevisibilidade do campo relacional, mas também pelas marcas históricas, discursivas e subjetivas que o constituíram. Existe uma variação na maneira como as pessoas respondem às mesmas circunstâncias. O caráter distinto de cada resposta é o modo específico da respondibilidade daquela pessoa dentro de um espaço-tempo. É bastante comum perceber distintas formas de responsividade entre pessoas autistas, tanto em relação às questões sensoriais e motoras, quanto de linguagem. Particularmente, relacionando com a teoria bakhtiniana, as diferenças singulares no campo linguístico impactam diretamente as trocas dialógicas estabelecidas nas interações, o que se diversifica ainda mais considerando o espectro autista.

No contexto social, é a partir dos processos de comunicação e interação que os sujeitos se constroem e, nessa dinâmica, o *eu* se vê, se reconhece e se diferencia através do *outro*. É pelo diálogo que as pessoas "se comunicam entre si, com o Outro, se abrem para ele, revelam suas personalidades, suas opiniões e ideias, mostram-se sujeitos de sua visão de mundo" (Bezerra, 2008, p. 196). Neste contexto em que os sujeitos são ativos, autônomos e se coconstroem no diálogo com outros sujeitos, é possível perceber a singularidade de cada um. No dialogismo, as ações existem em relação de contraste a atos de outros, ou seja, é na diferença existente no contexto interativo que surge o indivíduo.

A premissa básica desta perspectiva destaca os efeitos de autoria sempre no confronto com o que é estranho, com o **não-eu**. Cada pessoa, em sua singularidade, existe na tensa relação com tudo que é *outro/não-eu*. Não se trata de uma separação, inclusive porque é o outro em nós. O que Bakhtin chama atenção em sua filosofia, em sua teoria da linguagem e estética, é que o *eu* só existe em tudo aquilo que é o campo *não-eu*. Não se trata de uma dicotomia, mas de uma inter-relação constitutiva.

Não existe uma teoria da singularidade, entretanto, "só é possível falar do singular em relação ao que se configura como geral/universal dos fenômenos" e vice-versa (Pinheiro, 2010, p. 91). Nesse contexto, é a partir da dinâmica da relação eu-outro que a autoria emerge e torna possível a emergência, também, da *singularidade* e da *alteridade*. A outridade é tudo que é não-eu, diferente de alteridade, que seria o *alter* enquanto diferença; quando o outro tem a potencialidade de me descentrar, de modificar meu ser e produzir diferença em mim. A alteridade é uma outridade que pode me gerar efeitos e reorganizar minha compreensão sobre mim mesmo. No contexto dialógico, a singularidade afeta os outros em seus processos também, uma vez que o enunciado não pertence a um ou a outro mas carrega em si algo que é relacional, algo da subjetividade de uma pessoa que reverbera nas outras que com ela convivem. Uma diferença inassimilável que implica uma outridade não só como um outro social, mas até um outro de mim mesmo. Na autoria, cada sujeito constrói/produz sua individualidade marcada por suas ações e responsividade.

É o discurso como produção enunciativa dialógica que possibilita o processo coautoral ao mesmo tempo em que é produzido por um sujeito marcado por sua singularidade (Marcuzzo, 2008). O *eu* não adquire consistência em si mesmo fora de um ambiente, por isso, são as vozes dos *outros* que compõem a constituição de um novo *eu* a partir da troca dialógica que é estabelecida pelos sujeitos. O significado de diálogo em Bakhtin está como um princípio geral da linguagem, de comunhão coletiva, de forma ativa e não apenas como a comunicação ou a troca de opiniões entre pessoas. Para o teórico, o diálogo faz parte de um processo ininterrupto de comunicação, conflitos e tensões que envolve outros atores e pressupõe aqueles que a antecederam. É com as palavras e com as ideias do outro que são tecidos nossos pensamentos, diálogos individuais e sociais.

"Bakhtin concebe a outridade como fundamento de toda a existência e o diálogo como a estrutura primacial de qualquer existência particular, representando uma constante troca entre o que já é e o que não é ainda" (Clark, 1998, p. 91). É a consciência humana que modula a troca contínua entre *eu* e *outro*; e para Bakhtin nessas relações sociais, a partir da interação verbal entre as pessoas, é que a verdadeira substância da língua se constitui. A partir disso, o discurso se constrói entre, pelo menos, dois interlocutores que são seres sociais e, desse modo, não se constitui como individual e sim como coletivo. O *eu* se constitui a partir do *outro*, sendo assim, nunca está completo, pois só pode existir dialogicamente em um relacionamento de tensões com tudo o que é o *outro*.

> [...] não se pode compreender, conhecer e afirmar seu próprio "eu" (o "eu para mim") sem o outro; sem o outro "eu" e sem o reconhecimento e a afirmação do meu "eu" pelo outro (o "eu para o outro"). Por sua natureza, o "eu" não pode ser solitário, um "eu" sozinho, pois só pode ter vida real em um universo povoado por uma multiplicidade de sujeitos interdependentes e isônomos. Eu me projeto no outro que também se projeta em mim, nossa comunicação dialógica requer que meu reflexo se projete nele e o dele em mim... (Bezerra, 2008, p. 194).

Só me torno *eu* entre *outros*. Isto torna explícito que a ênfase está no aspecto ativo do sujeito e no caráter relacional, que permite a construção dos "eus" a partir da troca interativa. Para quem lê, a ideia de diálogo pode se associar à interação, mas no diálogo o sujeito, que se define a partir do outro, ao mesmo tempo contribui para que o outro se defina; uma coconstrução que jamais se define como acabamento. A outridade é compreendida nesta discussão como tudo o que se constitui como não-eu. Na interação eu-outro, enquanto experiência, reconhecimento e estranhamento diante da diferença, as relações de tensão são capazes de gerar novos significados.

No espectro autista, considerando a peculiaridade das relações sociocomunicacionais, as tensões entre *eu* e o *outro* acontecem de modo muito particular, sendo significadas muitas vezes em um contexto de comunicação não oral. Mesmo a comunicação que não envolve a fala precisa ter a sua gramática compreendida por ambas as pessoas envolvidas (considerando que no caso do espectro autista o processo comunicativo escapa ao padrão comum). Tal fator nos traz uma condição de novidade em estudos bakhtinianos. O compartilhamento de significados só se dá através da interação frequente entre o eu e o outro, um domínio temporário de significados entre duas ou mais pessoas que abre possibilidades para que os interlocutores façam negociações simbólicas. Nesse sentido, é preciso atentar para além da fala existente na interação estabelecida entre as pessoas para ter uma compreensão mais ampla do contexto e da troca que se estabelece.

Bakhtin destaca que, na vida, cada um de nós ocupa um lugar único. Ele enfatiza que há pontos que não são vistos pelo sujeito em relação ao seu campo de visão, à sua perspectiva e sobre si mesmo. O excedente de visão é um termo que vem da filosofia, no lugar de ampliação, de alargamento; é o que acessa o mundo em minhas costas. É uma outridade que surge e pode alargar o campo das compreensões e sentidos da relação eu-outro-mundo. Por considerar cada ser único, por ninguém ocupar o lugar do outro, na vida cada pessoa é insubstituível, e isso obriga cada sujeito a viver sua singularidade (Faraco, 2011; Clark, 1998). Considerando o conceito de unicidade, é importante destacar que cada ser humano responde à sua maneira a um mesmo conjunto de circunstâncias, existe

> [...] uma variação na maneira como os seres humanos individualmente respondem ao seu ambiente. O caráter distinto de cada resposta é a forma específica da respondibilidade daquela dada pessoa. Não há meio de um organismo vivo evitar a respondibilidade, uma vez que a própria qualidade que define se alguém está ou não vivo é a capacidade de reagir ao ambiente, que é um constante "responsar", ou responder, e a cadeia total dessas respostas compõe uma vida individual (Clark, 1998, p. 92–93).

O conceito de unicidade e a centralidade do estudo na relação eu/outro enfatizam dois aspectos importantes de nossa obra, na medida que destacam as singularidades presentes no espectro autista – no qual cada sujeito é único, apesar de compartilhar do mesmo diagnóstico – e os desafios encontrados nas áreas de interação e comunicação, que acontecem sempre no contexto coletivo, envolvendo mais de um sujeito, em que é central a relação *eu/outro*. Em relação à questão comunicacional, um fator de destaque é a utilização dos pronomes de modo convencional (ex: eu, você) como desafio para muitas pessoas.

Em algumas situações de interação envolvendo a fala com pessoas que dialogam de modo atípico, é possível notá-las utilizando palavras soltas ao invés de frases, por exemplo, símbolos individuais, ou não articulando pronomes e/ou conectivos nas frases de modo convencional; também em interações que não envolvem a fala com pessoas que utilizam a mediação de recursos tecnológicos para se comunicar; ou nas quais a linguagem corporal é predominante, é possível perceber que embora a troca dialógica seja particular daquele contexto e das possibilidades de expressão das pessoas envolvidas, ela ocorre a partir da variação na maneira como as pessoas autistas se expressam individualmente.

O modo como construo meu *eu* é por meio de encontros com outros e, nesse aspecto, cada contexto é único e irreversível. O que merece destaque neste estudo é o papel do sujeito como agente, dada a maneira individual como cada um age, processa e atua no meio, considerando cada condição, o que une pessoal e social; cognitivo e afetivo; geral e singular. Diante de tudo isso, acreditamos que a perspectiva bakhtiniana oferece importantes possibilidades e reflexões para os estudos neste campo com contribuições valiosas para se compreender o ser humano, suas relações e sua existência socialmente construídas.

2

# AUTISMO, RELAÇÕES INTERSUBJETIVAS E O CONTEXTO ESCOLAR

## 2.1 AUTISMO

### 2.1.1 Breve histórico

O interesse inicial pelo autismo partiu da categoria médica. Embora o psiquiatra suíço Eugene Bleuler em 1916 tenha utilizado o termo *autismo* se referindo a sintomas negativos da esquizofrenia, as primeiras publicações sobre o que conhecemos hoje por autismo infantil foram feitas por Leo Kanner (1943) e Hans Asperger (1944).

Kanner, pesquisador e médico psiquiatra austríaco radicado nos Estados Unidos da América (EUA), observou em 11 crianças que acompanhava algumas características em comum: dificuldade de se relacionarem com outras pessoas, comprometimento na linguagem (comunicação restrita) e fixação pelo que é imutável (Kanner, 1943; Grandin, 2015; Whitman, 2015; Bosa, 2002; Schwartzman, 2003).

Kanner destacou em seus artigos que os comportamentos autistas pareciam estar presentes desde os primeiros anos de vida. Nesse período inicial, a influência do ambiente ganhava destaque, com foco nas interações mãe-criança sobre o desenvolvimento infantil. Nessa época, ele destacou como principal causa do autismo a falta de interações entre a mãe e o bebê nos meses iniciais, criando a nomenclatura *mãe geladeira*. Segundo ele, havia certa frieza nas relações entre mães e bebês. A partir de tal colocação, Kanner (1943) concebeu o autismo como um distúrbio do contato afetivo, acarretando um isolamento social.

Na mesma época, Hans Asperger, médico pediatra austríaco, teve sua tese de doutorado, intitulada *Psicopatia Autística*, apresentada em 1943 e publicada apenas em 1944. Era um estudo sobre crianças que apresentavam características clínicas muito próximas das descritas por Kanner. Em razão da Segunda Guerra Mundial, não havia comunicação entre as comunidades científicas dos EUA e da Europa, e os dois autores, praticamente na mesma época, relataram os casos de crianças com desafios semelhantes que acabaram sendo descritas como autistas, porém, sem conhecimento dos artigos publicados pelo outro.

Hans Asperger, que tinha um interesse especial na área de educação, descreveu a dificuldade de interação social dentro de grupos apresentada por algumas crianças. Ele destacava as limitações sociais, os interesses obsessivos das crianças, aspectos da fala que era incomum e estereotipada e aspectos gerais da comunicação que não estavam dentro do padrão comum (Schwartzman, 2003), mostrando-nos uma espontaneidade e um processo de sintonização com o outro comprometido. Grandin (2015) destaca que

> Enquanto Kanner tentava definir o autismo, Asperger identificava um tipo de criança que partilhava diversos comportamentos perceptíveis: falta de empatia, pouca capacidade de fazer amigos, conversas unilaterais, absorção intensa em um interesse em especial e movimentos desajeitados, observando também que essas crianças podiam falar sem parar sobre seus assuntos favoritos (p. 22).

Antes desses pensadores, as pessoas autistas eram incluídas como particularidades de outros transtornos, como psicose infantil ou retardo mental, ou eram simplesmente vistas como pessoas estranhas e peculiares. Ambos identificaram as dificuldades no relacionamento interpessoal e na comunicação das crianças autistas como características centrais do quadro. Na década de 1940, a palavra autismo passou a fazer parte do léxico psiquiátrico, porém, sua definição ainda era vaga. Nessa época, a partir dessa leitura clínica psiquiátrica, o autismo era visto como uma patologia da subjetividade e as dificuldades comunicacionais eram vistas como algo puramente deficitário, não havendo um olhar para a construção do sujeito se diferenciando das outridades. Desde então, os estudos sobre autismo têm acumulado conhecimentos importantes em diversas áreas.

Durante os anos de 1952 e 1968, na primeira e segunda edição respectivamente, o *Manual de Diagnóstico e Estatística dos Transtornos Mentais* (DSM) não trazia nenhuma menção sobre o autismo. O que constava era a palavra *autista* para descrever sintomas da esquizofrenia, e não ligada a um diagnóstico próprio (Grandin, 2015). Publicado em 1980, o DSM-III listava o autismo infantil em uma categoria ampla nomeada de *Transtorno Global do Desenvolvimento (TGD)*. O indivíduo precisava cumprir seis critérios para ter o diagnóstico de autismo infantil, sendo um deles a ausência de sintomas que sugerissem esquizofrenia. Percebe-se constantemente uma associação entre o autismo e a esquizofrenia nos anos que antecederam e que sucederam as publicações de Kanner e Asperger. No entanto, em relação a essa constante associação feita, Whitman (2015) destaca que:

> Embora o Transtorno Autista e a esquizofrenia fossem considerados inicialmente como transtornos relacionados, ambos são vistos agora como entidades separadas. A comparação dos sintomas de Transtorno Autista e a esquizofrenia, entretanto, sugere que ambos os transtornos compartilham diversas características, particularmente nos domínios motor, de linguagem, afetivo e social. Um diagnóstico de Transtorno Autista é indicado quando: ocorre cedo, tem natureza crônica e envolve interferência no desenvolvimento da linguagem e interação social; em comparação com as distorções que emergem tardiamente no funcionamento normal e que ocorrem na esquizofrenia (p. 34).

Sete anos depois, em 1987, houve uma revisão na 3.ª edição do DSM, o DSM- III-R, que mudou o nome do diagnóstico de autismo infantil para transtorno autista e expandiu o número de critérios de diagnóstico de 6 para 16. A inclusão do autismo no DSM-III foi importante por ter formalizado o autismo enquanto diagnóstico. O conceito do autismo era muito confuso inicialmente. Isso começou a se modificar a partir do DSM-III, e, posteriormente, em sua versão atualizada no DSM-IV.

O DSM-IV foi publicado em 1994 e acrescentou um diagnóstico novo: a síndrome de Asperger, o que foi importante para situar o autismo enquanto um espectro de condições variáveis em vez de um quadro único. No entanto, nesse momento, a síndrome de Asperger era um dos cinco transtornos listados como Transtornos Global do Desenvolvimento (TGD), junto com o autismo, Transtorno Global do Desenvolvimento sem outras especificações (TGD-SOE), síndrome de Rett e transtorno desintegrativo da infância. Logo, a síndrome de Asperger não era tecnicamente uma forma de autismo, mas com o tempo ela passou a ser chamada de *autismo de alto funcionamento*. De acordo com este manual, o autismo refere-se a um transtorno no qual as pessoas manifestam: prejuízos na interação social, problemas de comunicação e atividades e interesses repetitivos (Grandin, 2015; Whitman, 2015).

No *Manual de Diagnóstico e Estatística dos Transtornos Mentais*, 5.ª edição, de 2013 (DSM-5), feito pela Associação Americana de Psiquiatria, o autismo pertence à categoria denominada *transtorno de neurodesenvolvimento*, sendo nomeado como *Transtorno do Espectro do Autismo (TEA)* e as subdivisões deixam de existir. Dessa forma, o autismo é definido como um distúrbio do desenvolvimento neurológico presente desde a infância, que se caracteriza por déficit agora em apenas duas dimensões: sociocomunicativa e comportamental.

Em 2022, nove anos após a publicação do DSM-5, foi feita uma revisão intitulada DSM-5-TR, na qual os critérios centrais permaneceram os mesmos de acordo com o DSM-5 (2013). Na versão mais atual, enquanto critérios diagnósticos (F.84), os aspectos centrais são: A. Déficits persistentes na comunicação social e interação em múltiplos contextos; B. Padrões restritos e repetitivos de comportamento, interesses ou atividades; C. Os sintomas devem estar presentes no período inicial do desenvolvimento; D. Os sintomas causam prejuízos clinicamente significativos no funcionamento social, ocupacional ou outras áreas importantes; e E. Esse transtorno não é melhor explicado por outro diagnóstico. Após o destaque para esses marcadores diagnósticos, também são trazidas as descrições quanto à necessidade de apoio que podem ser três: 1. Exige apoio muito substancial (nível 3); 2. Exige apoio substancial (nível 2); 3. Exige suporte (nível 1) (DSM-5-TR, 2022, p. 212-215).

A palavra *autismo* deriva do grego (*auto* = si +*ismos* = disposição/orientação), ou seja, *voltado para si mesmo*. Tanto Kanner quanto Asperger a utilizaram a fim de chamar atenção para o comportamento social diferenciado, no qual está presente o isolamento físico, e pela dificuldade apresentada pelas pessoas autistas de interagir com outras pessoas. Já a denominação Transtorno do Espectro Autista (TEA) é usada para reconhecer a ampla variedade de características, considerando as áreas do desenvolvimento que são impactadas. Essa variedade inclui pessoas que respondem de modo diferente ao mundo.

A relação entre o autismo e o DNA foi questionada em 1977, quando deram início aos estudos sobre o autismo com irmãos gêmeos. A realidade é que, até o momento, não se pode identificar as causas dessa condição, e pesquisadores/pesquisadoras enfatizam a influência de fatores genéticos e ambientais. As pessoas diagnosticadas com autismo exibem suas características antes dos 36 meses de idade. Além disso, o transtorno é consideravelmente mais prevalente no sexo masculino que no feminino, sendo a proporção de três meninos para uma menina (DSM-V-TR, 2022; Whitman, 2015; Grandin, 2015).

O fator central, conforme a palavra *espectro* descreve, é que existem consideráveis diferenças individuais (modo único de responder aos estímulos sensoriais do ambiente, movimentar-se, comunicar-se etc.) nas características exibidas por pessoas autistas, embora elas compartilhem características centrais desta condição. Nos últimos anos, o interesse pela temática do autismo aumentou consideravelmente, o que está diretamente relacionado ao número crescente de diagnósticos. O primeiro estudo epidemiológico sobre o autismo, realizado em 1966, indicava uma prevalência de 4,5 casos a cada 10.000 crianças. Atualmente, a Organização Mundial da Saúde (OMS) estima que aproximadamente 1 a cada 100 crianças esteja no espectro autista. No Brasil, segundo dados oficiais divulgados pelo Instituto Brasileiro de Geografia e Estatística (IBGE) em 2025, com base no Censo Demográfico de 2022, cerca de 2,4 milhões de pessoas declararam possuir alguma condição do espectro autista, o que corresponde a aproximadamente 1,2% da população. Este é o primeiro levantamento censitário realizado no país sobre o tema, constituindo um marco para a formulação de políticas públicas e para o fortalecimento das ações de promoção dos direitos das pessoas autistas.

No conteúdo apresentado nesta seção, o enfoque mostra-se centrado na área médico-diagnóstica, porém consideramos importante destacar tais questões com a finalidade de contribuir para a construção de uma visão histórico-social sobre o autismo. Nesse sentido, é fundamental compreender as diferenças entre três modelos de deficiência — o médico, o social e o biopsicossocial. O modelo médico entende a deficiência como uma limitação individual a ser superada, centrando-se nos déficits do sujeito em atender às normas sociais. O modelo social desloca o foco para as barreiras sociais e ambientais que impedem a participação plena das pessoas com deficiência. Por sua vez, o modelo biopsicossocial reconhece que a deficiência surge da interação entre fatores biológicos, psicológicos e sociais, propondo uma abordagem integrada que alia cuidado individual, apoio emocional e transformação das estruturas sociais.

Ampliando essa reflexão, no final da década de 1990, esse debate ganha novos contornos com o surgimento do movimento da neurodiversidade, que propõe valorizar as diferentes formas de funcionamento neurológico, como o autismo, Transtorno de Déficit de Atenção e Hiperatividade (TDAH), dislexia, entre outros, não como doenças a serem curadas, mas como variações naturais da mente humana. Impulsionado principalmente por pessoas autistas, esse movimento reivindica o direito de serem compreendidas e respeitadas em sua singularidade. Enquanto a perspectiva tradicional sobre o autismo geralmente o classifica como um transtorno que precisa ser tratado ou normalizado, com foco nos "déficits" da pessoa, a perspectiva da neurodiversidade entende o autismo como uma forma válida de existência, com características próprias que trazem tanto desafios quanto habilidades.

Diante dessa perspectiva, buscamos não reproduzir algumas nomenclaturas como *alto funcionamento* e *baixo funcionamento*; *autismo leve, moderado* e *severo*; e *nível de suporte 1, 2* e *3*; por entendermos que essas classificações são reducionistas e limitam a visão do potencial humano ao funcionamento, desconsiderando a subjetividade da pessoa. Neste livro, portanto, propomos valorizar a singularidade do adolescente autista e suas relações intersubjetivas, razão pela qual, nas próximas seções, abordaremos de forma específica esses aspectos.

### 2.1.2 Autismo e a caracterização de um universo singular: aspectos sociocomunicacionais e sensório-motores

A partir do entendimento do Transtorno do Espectro Autista (TEA) como uma condição do neurodesenvolvimento que impacta, de diferentes modos, as áreas de interação social, da comunicação, dos comportamentos, dos aspectos sensoriais e motores, é importante destacar que cada pessoa autista apresenta caminhos de desenvolvimento diferentes do convencionalmente entendido como desenvolvimento típico. De modo geral, cada pessoa apresenta características próprias, um modo particular de se relacionar com o mundo social e marcas singulares de sua constituição enquanto sujeito. Considerando que cada pessoa é única, as implicações sobre seu desenvolvimento, no que se refere ao autismo, também serão únicas. Embora as pessoas compartilhem o mesmo diagnóstico, elas são impactadas de maneiras e intensidades diferentes, porém alguns aspectos gerais podem ser destacados referente à caracterização deste universo singular.

A subjetividade emerge na relação eu-outro. É possível afirmar que ela acontece sempre no campo da intersubjetividade, "configurado como o lugar do encontro e do confronto e como o palco de negociações dos mundos de significação privados e públicos" (Molon, 2010, p. 59). A subjetividade se constitui a partir das relações sociais que acontecem na e pela linguagem.

Valsiner (1993) reconhece a existência do mundo social e pessoal; para ele, no processo de construção de subjetividade, a pessoa constrói uma *cultura pessoal* através de experiências prévias, utilizando uma variedade de estratégias: ignorando, neutralizando, trivializando, resistindo e rejeitando. Estas estratégias desenvolvidas permitirão diferenciar a cultura pessoal da cultura coletiva. A cultura pessoal refere-se aos significados pessoais subjetivamente construídos e está em interdependência com o domínio dos processos comunicativos interpessoais (a cultura coletiva). A cultura coletiva refere-se à multiplicidade de mensagens comunicativas que constitui o "input" heterogêneo para a construção da cultura pessoal (Valsiner, 2012). Van der Veer e Valsiner (1991) destacam que todas as pessoas envolvidas no discurso social coconstroem ideias de maneira conjunta. Nesse processo, as pessoas que interagem podem usar conceitos, ajustar os significados, rejeitar ou integrar novas ideias na estrutura afetivo-cognitiva.

Em consequência à oposição e ao reconhecimento do *outro* como um *não eu* surge a consciência da própria subjetividade, jamais como *eu* isolado, mas como *eu* da relação *eu-outro*. Nesse contexto, é importante destacarmos aspectos principais que podem influenciar as relações intersubjetivas em relação aos pilares sensoriais, motores, sociocomunicacionais e comportamentais das pessoas autistas, a fim de contribuir para uma melhor compreensão sobre a subjetividade expressa a partir do modo particular de ser e estar no mundo. É importante enfatizar que pode ser comum o reconhecimento de características específicas a serem apresentadas a seguir ao discutirmos sobre autismo, mas cada caso é único e, embora haja características comuns que possamos discutir como na sequência, é importante um olhar para a singularidade da pessoa.

Em relação às características interacionais apresentadas pelas pessoas autistas, podemos destacar que alguns modos de ser e estar no mundo se diferenciam da maneira como as pessoas não autistas interagem, como, por exemplo, o contato visual com outras pessoas, a forma de expressar interesse em jogos sociais e iniciar e manter a interação. Além de tais características, alguns comportamentos incomuns e repetitivos podem estar presentes, por exemplo, apego a objetos específicos, utilização dos brinquedos/objetos de maneira não convencional e estereotipias (movimentos corporais repetitivos). É possível notar também uma forte tendência à manutenção das rotinas, buscando sempre uma organização repetitiva e padronizada, portanto, a previsibilidade é algo que facilita bastante a organização da vida diária das pessoas autistas (Mota, 2020).

Nas características comunicacionais, algumas vezes destaca-se a preferência por sons não verbais e uso peculiar de comunicação que não envolve a fala, como contato visual, expressões faciais, gestos, linguagem corporal etc. É possível destacar que uma parcela das pessoas que se comunicam através da fala pode apresentar dificuldade para iniciar e manter conversas, reverter pronomes e, em alguns casos, utilizar uma fala um pouco monótona, com volume e flexões incomuns. Um dos aspectos que chama bastante atenção na fala é a ecolalia, que consiste na repetição de palavras ou frases. As ecolalias podem ser imediatas (assim que a fala do outro acaba) ou tardias (repetição de algo ouvido há um tempo), algumas vezes é nítida sua presença dentro de um contexto, outras vezes não. Entretanto, não são todas as pessoas autistas que apresentam ecolalia (Whitman, 2015; Grandin, 2015; Schwartzman, 2003). Outra característica atrelada à comunicação é o fato de que pessoas autistas tendem a entender o mundo em termos mais concretos (Grandin, 2015; Whitman, 2015; Goergen, 2013). Compreender ideias abstratas mostra-se como algo desafiador; em vez disso, reagem de modo literal às palavras, o que torna difícil entenderem humor, expressões metafóricas e figuras de linguagem.

Em relação às questões sensoriais, podemos iniciar destacando que as primeiras experiências do ser humano são sensoriais e a organização desse sistema é fundamental nas primeiras relações que vivencia. Segundo Greenspan (2000), a habilidade de tolerar diversas informações sensoriais ocorre primeiramente nas interações entre a mãe e o bebê. De acordo com Whitman (2015),

> Os sentidos nos alertam para eventos que acontecem ao nosso redor. Eles mobilizam e orientam o comportamento, influenciam as emoções e fornecem informações que afetam o pensamento em um nível estrutural e de conteúdo. Através dos sentidos aprendemos sobre o nosso ambiente, bem como sobre nós mesmos, criando as memórias que contêm registros da nossa história de experiências sensoriais (p. 59).

As pessoas com desafios sensoriais vivenciam o mundo de outro modo e cerca de nove em cada dez pessoas autistas apresentam alterações nos sistemas sensoriais (Grandin, 2015). No entanto, nem todas as pessoas com questões sensoriais impactantes respondem aos estímulos do mesmo modo. Os desafios apresentados por pessoas autistas variam amplamente entre modalidades sensoriais e incluem um *baixo registro* do estímulo (hiporesponsividade) ou um *alto registro* do estímulo (hiperresponsividade). Pessoas que registram pouco uma informação sensorial e apresentam hiporesponsividade em relação a um determinado estímulo demonstram uma sensibilidade reduzida ou podem buscar por sensações de modo intenso e contínuo. Em contraste, pessoas que registram muito um determinado estímulo e apresentam hiperresponsividade demonstram uma sensibilidade mais acentuada em relação a determinado sentido.

Dentro de todo esse processo sensorial, Greenspan (2000) considera importante destacar que quando a pessoa está captando informações por meio de seus sentidos, ela também está experimentando simultaneamente uma reação emocional a essas visões, sons, toques, cheiros e gostos que lhe são proporcionados. Ou seja, cada vez que alguém capta uma informação por meio de seus sentidos, a experiência é significada tanto como uma reação física/cognitiva quanto uma reação emocional àquelas sensações.

O modo como as informações são absorvidas e interpretadas é particular a cada indivíduo. A forma como a informação é recebida através dos sentidos, organizada e transformada em respostas ao ambiente é chamada de processamento sensorial. Quando há desafios sensoriais, a experiência perceptiva acontece de maneira distorcida. Pessoas autistas podem, de fato, ter sua experiência sensorial do mundo bem diferente daquela de outras pessoas não autistas. Caminha (2013) destaca que

> O termo processamento sensorial refere-se à habilidade de receber informações através dos sete sentidos (tato, olfato, paladar, visão, audição, propriocepção e vestibular), organizar e interpretar essas informações sensoriais, transformando-as em respostas significativas. Para a maioria das pessoas esse é um processo automático. Pessoas com problemas de processamento sensorial, entretanto, não experienciam esse processo da mesma maneira. Nesses casos o cérebro não organiza ou processa o fluxo de impulsos sensoriais de forma a dar ao sujeito uma informação precisa sobre ele próprio ou sobre o mundo. Quando o

> cérebro não processa o input sensorial de forma adequada, geralmente ele também não direciona o comportamento de forma efetiva. O resultado é uma dificuldade em lidar com informações sensoriais do dia a dia, como o toque de uma roupa com textura diferente, o som alto de uma televisão ou até o movimento do carro. Essas pessoas podem sentir-se bombardeadas de informações ou podem nem perceber grande parte dos estímulos sensoriais. Podem ainda buscar experiências sensoriais intensas e até apresentar problemas sensório motores. Um ou mais sentidos podem ser afetados, o que faz com que se relacionem com o mundo de forma atípica, como acontece no caso do autismo (p. 11).

Considerando as bases epistemológicas desta obra e as contribuições do dialogismo bakhtiniano, construídas no campo da filosofia, nós nos deparamos com o desafio de tecer um encontro entre os conceitos anteriormente apresentados e questões atreladas à psicologia cognitiva no campo da teoria da informação. Contudo, acreditamos que as diferentes perspectivas podem se somar na construção de um olhar mais vasto diante do fenômeno complexo que abordamos. Muitas vezes, o comportamento das pessoas autistas torna-se desorganizado por conta da dificuldade em modular (regular e organizar a altura, intensidade, frequência) os estímulos sensoriais. A desorganização pode ocorrer por várias razões: pela dificuldade em se concentrar nos estímulos experienciados, de integrar os estímulos advindos por várias fontes, por algum impacto na maneira como a informação é processada ou devido à uma sobrecarga sensorial.

Além das questões sensoriais, embora se saiba que no autismo há impactos no desenvolvimento motor, existem poucos trabalhos na literatura sobre esta temática. Apesar de ser uma característica comum atrelada a esta condição, as alterações motoras não se constituem como um marcador de diagnóstico específico para o TEA. Whitman (2015) e Bras (2009) apresentam um estudo focado especificamente neste aspecto. De acordo com Whitman (2015),

> Os comportamentos motores, particularmente os atos intencionais, envolvem o planejamento motor, um processo que requer atenção e esforço conscientes. Da mesma forma, a aprendizagem motora envolve uma fase de prática, na qual o feedback é usado para direcionar o desempenho. Problemas motores são frequentemente observados em crianças com autismo. Embora as capacidades motoras

> finas sejam mais afetadas que as capacidades motoras grossas, problemas em ambas as áreas são observados com frequência (p. 61).

Em relação às características motoras comuns às pessoas autistas, Whitman (2015) destaca que uma das possibilidades para surgimento destas dificuldades pode estar relacionada aos desafios sensoriais. Segundo ele, inicialmente os desafios sensoriais existentes nas crianças autistas causam grande estresse no bebê o que, por sua vez, pode levar ao comprometimento motor. "Os problemas motores, por conseguinte, limitam a disponibilidade dos recursos de enfrentamento motor disponíveis para lidar com o estresse, o que então exacerba ainda mais seus déficits sensoriais e motores" (Whitman, 2015, p. 66). Com base nisso, é possível compreender que as questões motoras das pessoas autistas podem impactar em outras áreas, como, por exemplo, interação social, comunicação, comportamentos e execução de atividades. Os aspectos motores também exercem uma função crítica no desenvolvimento social por sua influência sobre a aquisição da fala e de habilidades de comunicação baseadas no sistema motor e em comportamentos sociais.

O sistema motor exerce um papel importante na regulação do sistema emocional da pessoa, se, por conta de algum comprometimento, a pessoa não consegue mostrar que seu pensamento está intacto devido aos desafios do sistema motor que bloqueiam a fala, a escrita, gestos, expressões faciais, início de ações etc., ou seja, a intencionalidade é comprometida e tudo isso impacta diretamente os aspectos emocionais. Tomasello (2005) destaca que a intencionalidade se caracteriza como uma propriedade de certas habilidades cognitivas serem direcionadas para certos objetivos, ou seja, a ação intencional é caracterizada pelo autor como aquela "direcionada para" objetivos e agentes intencionais são organismos animais que agem no mundo "direcionados para" objetivos. De acordo com Fonseca (2008),

> [...] qualquer ato, para ser realizado, necessita de um plano e de uma programação preestabelecidos. Só assim se poderá falar em gesto auto- regulado, voluntário e consciente. Em outras palavras, pode-se dizer que toda a ação intencional necessita de uma planificação motora prévia e antecipada (de certa forma, expressão sinônima de psicomotricidade) que a guia para uma execução programada (p. 117).

Pessoas com maiores habilidades motoras vivenciam seu ambiente de modo diferente daquelas com menos habilidades motoras. Um bebê com habilidades mais avançadas, por exemplo, explora de modo mais completo o ambiente e entra em maior contato com ele. Fonseca (2008, p. 15) destaca que "ao contrário de muitas outras espécies vertebradas, o bebê humano não dispõe, ao nascer, de um repertório motor adaptativo mínimo, não responde em termos de motricidade às suas próprias necessidades primarias". No bebê, o sistema motor é o que exerce a primeira estrutura de relação com o meio, com os outros e com os objetos. As primeiras interações do bebê com o ambiente podem ser consideradas essencialmente afetivas e motoras. A partir das primeiras explorações motoras e das relações intersubjetivas, a criança descobre a si própria e, simultaneamente, descobre o mundo à sua volta.

Dessa forma, consideramos importante compreender o domínio motor, uma vez que os déficits motores são impactantes na qualidade de vida e podem ampliar o leque de desafios no autismo, limitando a participação das pessoas nas atividades físicas ou motoras escolares e/ou comunitárias, por exemplo, ou comprometendo diretamente os níveis de autonomia e independência da pessoa autista, refletindo necessariamente em sua qualidade de vida e de suas famílias. Embora não seja o foco desta obra, consideramos importante abordar essas especificidades como forma de reconhecermos dimensões sociocomunicacionais, perceptuais e motoras implicadas na qualidade e nos modos de experienciar a vida da pessoa autista.

### 2.1.3 Vozes autistas: experiências subjetivas em primeira pessoa

Neste livro, assumimos uma visão de sujeito que é uma pessoa que não está só, mas sim em relações. Compreendendo seu espaço relacional, buscamos também compreender suas habilidades individuais de percepção, atenção, pensamento, raciocínio lógico e outras funções próprias nas relações eu-outro-mundo. Nessa perspectiva, as narrativas autobiográficas de pessoas autistas enriquecem teorias no campo da psicologia e da educação e as práticas dos mais diversos campos que se dedicam à uma ética mais democrática, inclusiva e solidária (Rorty, 2007). Dessa forma, esta seção é construída com base nos relatos de pessoas que vivenciam a condição do autismo desde processos identitários, sensoriais, motores, linguísticos, políticos e estéticos, destacando a importância de suas colocações a partir do lugar que ocupam. Considerando que a presente pesquisa focaliza a pessoa, e não apenas os aspectos implicados no diagnóstico, nossa ênfase é no reconhecimento da singularidade enquanto um lugar de fala, de autoria e legitimidade necessário à reflexão sobre as relações intersubjetivas no contexto escolar.

Cada pessoa autista é única e todo comportamento deve ser pensado dentro de seu contexto específico. Os relatos das pessoas autistas nos mostram uma forma absolutamente particular de relação com o mundo, as pessoas, o próprio corpo, a linguagem, as emoções e um modo de funcionamento singular. Cada um/uma de nós possui um saber essencial sobre nosso próprio modo de funcionamento, por isso deve ser levado em consideração aquilo que as pessoas autistas dizem sobre elas mesmas, valorizando as singularidades da diversidade humana. Birger Sellin, nascido na Alemanha em 1973, tem diagnóstico de TEA e é não-falante[1]. Foi a primeira pessoa autista a se tornar um autor publicado em seu país. Seu primeiro livro foi publicado em 1993, quando ele tinha 20 anos. Nele, Birger Sellin digita:

> eu quero que nós mesmos tomemos a palavra
> do jeito que podemos
> nosso mundo interior deve vir à tona
> (Sellin, 1993, p. 19 *apud* Maleval, 2017, p. 17)

Abordar a subjetividade da pessoa autista a partir de relatos nos leva a delimitar uma especificidade essencial do funcionamento no espectro autista. Considerando que a subjetividade se constrói a partir das relações intersubjetivas, é possível afirmar que todos/todas nós dispomos de uma capacidade de interpretar o que os outros fazem, de aprender com isso e, às vezes, de predizer, com certa variabilidade, o que farão em seguida. Porém, cada pessoa interpreta à sua maneira e com os recursos que têm disponíveis. A relação de Sellin e outras pessoas autistas que digitam para

[1] Embora o uso da nomenclatura *não-verbal* seja comum para se referir a pessoas autistas que não falam, nesta obra optamos pelo termo *não-falante,* por entendermos que a diferenciação essencial está na presença ou ausência da fala. A terminologia *não-verbal,* além de possuir um significado amplo, pode ofuscar a rica expressividade da ação comunicativa das pessoas autistas, que frequentemente se expressam por meio de diferentes recursos, incluindo formas alternativas de comunicação. É importante destacar que o termo *verbal* se refere à comunicação realizada por meio de palavras e linguagem estruturada, seja pela fala, pela escrita ou por sinais codificados (como nas línguas de sinais). Assim, enquanto gestos espontâneos, como apontar ou acenar, são considerados formas de comunicação *não-verbal,* o uso de uma língua de sinais é uma forma de comunicação verbal. Portanto, uma pessoa pode ser *não-falante,* mas ainda assim se expressar verbalmente por meio da escrita, de dispositivos assistivos ou de uma língua de sinais. Adotar o termo *não-falante,* assim, é um ato de respeito à diversidade comunicativa e à dignidade das pessoas autistas, reconhecendo suas vozes para além dos limites da fala oral. Com isso, buscamos valorizar e ampliar as possibilidades comunicativas dessas pessoas, reafirmando que a comunicação vai além da fala.

se comunicar nos chama a atenção também para artefatos típicos de nossa cultura contemporânea e que podem ser necessários no espaço escolar, aspecto que está na interface computacional, que envolve pressuposições de alcances discursivos marcadamente na subjetividade da pessoa que utiliza esse recurso.

As áreas que mais impactam a vida de pessoas autistas são descritas de diferentes maneiras. Temple Grandin, nascida em 1947 nos Estados Unidos e diagnosticada com autismo aos 4 anos, é PhD em Zootecnia desde 1989 e, atualmente, ministra cursos a respeito do comportamento de rebanhos e projetos de instalação. Sua vida foi tema do filme *Temple Grandin* em 2010, quando ela foi mencionada pela *Revista Time* na lista das cem pessoas mais influentes do mundo. Iniciando pelas questões sensoriais, ela destaca: “Sou sensível aos sons. Sons altos. Sons súbitos. Pior, sons altos e súbitos que não estou esperando. Ainda pior, sons altos e súbitos que eu espero, mas não posso controlar – problema comum em pessoas com autismo” (Grandin, 2015, p. 77).

Considerando que é através dos sentidos que entramos em contato com o mundo e que nas relações intersubjetivas em diversos contextos, incluindo o contexto escolar, existem muitos estímulos a serem integrados, se os estímulos são percebidos de modo distorcido, isso impacta diretamente a organização da pessoa com desafios sensoriais e, consequentemente, na relação com o mundo e os outros. Temple Grandin (2015) destaca que não se pode estudar o autismo sem compreender as questões sensoriais. Nem todas as pessoas com transtornos sensoriais respondem aos estímulos do mesmo modo e apresentam o mesmo grau de comprometimento; estes podem afetar de modo significativo a vida cotidiana.

Naoki Higashida é um jovem japonês autista que nasceu em 1992 e escreveu seu livro *O que me faz pular* aos 13 anos, no qual responde diversas perguntas sobre o universo do TEA. Naoki em alguns momentos se comunica através da fala, mas na grande maioria das situações

> [...] se comunica apontando na prancha as letras desejadas, soletrando palavras que são transcritas por um ajudante. Palavras que formam frases, parágrafos e até livros. Os “extras” que completam a prancha incluem números, pontuação e as palavras “Fim”, “Sim” e “Não”. (Embora Naoki consiga escrever e postar em seu blog através do teclado do computador, ele considera essa opção de baixa tecnologia

> um suporte mais seguro por oferecer menos distrações e ajudá-lo a se manter concentrado.) (Higashida, 2014, p. 13–14).

Sobre a habilidade de integrar os estímulos visuais e auditivos do ambiente e manter o contato visual na interação com outras pessoas, aspecto existente na relação eu-outro-mundo que é comumente destacado nas pessoas autistas, Naoki Higashida diz:

> Na verdade, olhamos para a voz da outra pessoa. As vozes não são coisas visíveis, mas tentamos ouvir a outra pessoa com todos os nossos órgãos dos sentidos. Quando estamos completamente concentrados em entender o que você fala, nosso sentido de visão sai um pouco do ar. Se alguém não consegue discernir o que vê, é o mesmo que não ver nada (Higashida, 2014, p. 51–52).

É possível perceber, em seu relato, sua dificuldade em integrar o sistema visual e o sistema auditivo, bem como entender que bloqueando as informações de um sentido, nesse caso da visão, ele consegue se concentrar melhor nas informações auditivas. Outro aspecto enfatizado em relação às questões sensoriais é a sobrecarga vivenciada diariamente. Em relação a filtrar os estímulos do ambiente para ter mais atenção, Temple Grandin destaca que "algumas pessoas com autismo não têm um botão para desligar que funcione e, para elas, a alta conectividade leva a uma enxurrada de informações, a maior parte delas confusas" (Grandin, 2015, p. 42).

As questões sensoriais e motoras, como discutido anteriormente, se mostram como um grande desafio para as pessoas autistas. Processar, modular e integrar os estímulos do ambiente é algo que pode parecer simples para algumas pessoas, mas que envolve várias etapas e que põe as pessoas em contato com o mundo e com os outros. Embora estes princípios estejam relacionados à teoria do processamento da informação e nosso livro apresente como base teórica a psicologia cultural e dialógica, consideramos fundamental tecer uma ponte entre ambas as linhas compreendendo os fatores sensoriais e atrelados à percepção das pessoas autistas. Sendo assim, são conceitos importantes que podem ser articulados e não dicotomizados para compreensão do fenômeno.

Lucy Blackman nasceu em 1972, na Austrália, é autista e não-falante. Começou a utilizar a digitação na adolescência e publicou duas autobiografias, uma em 2011 e outra em 2013. Ela enfatiza que para pessoas autistas há um "processamento atípico do tempo, do espaço, do equilíbrio, da luz, da cor, do som e de toda a sequência desses no processamento mnemônico" (Blackman, 2001, p. 9 *apud* Bialer, 2017, p. 293). Ela descreve dificuldades sensoriais visuo-espaciais, auditivas e vestibulares, de apreensão de si e dos outros e de apreensão global. Quando reflete sobre suas questões sensoriais na infância, compartilha:

> Bem, claro que o mundo era grande e barulhento. No entanto, ao ver crianças comuns, eu lembro que meu mundo era grande e barulhento de um jeito diferente. Em um sentido, o barulho era eterno. Ele envolvia minha própria respiração e muitos barulhos de fundo que não penso que de fato outras crianças pré-escolares percebam, e ainda assim não me lembro da maior parte das pessoas falando comigo, ou mesmo conversas ocorrendo à minha volta. Então imagino que, com exceção de quando eu era imobilizada e forçada a prestar atenção, as vozes estavam fora das frequências que eu processava (Blackman, 2001, p. 117 *apud* Bialer, 2017, p. 294).

Além das questões sensoriais, as ações corporais, modos de expressão e características comportamentais incomuns existentes no espectro autista também são fatores que merecem destaque. Birger Sellin (*apud* Bialer, 2017), em meio à busca intensa por movimento, estereotipias acentuadas, pouca troca visual com os outros, emissão de diversos sons – o que leva algumas pessoas a imaginarem que por não conseguir se comunicar através da fala poderia não ter compreensão – demonstra que seus comportamentos nos revelam um modo singular de relação entre corpo-cognição-linguagem.

Birger Sellin escreve teclando com apenas um dedo e não consegue colocar letras maiúsculas e acentuação, porém teve sua primeira autobiografia publicada em 1993. Em uma das suas primeiras frases, expressa seus sentimentos e compreensão de si destacando "eu estou triste porque eu ainda não posso falar" (Sellin, 1995, p. 45 *apud* Bialer, 2017, p. 239). Quando conseguiu se expressar através da escrita, destacou que embora parecesse alheio ao ambiente e às pessoas, estava conectado a tudo que acontecia a sua volta e, enquanto folheou livros diversos desde os 5 anos, aprendeu a ler. Em quase 18 anos de retraimento, Birger revela seu sofrimento ao escutar as pessoas falarem sobre ele como se ele não pudesse compreendê-las. Em suas palavras, ele destaca "frequentemente eu tenho estado assustado porque as pessoas não sabiam [que] eu compreendo tudo então elas diziam tudo [que] eu não deveria estar escutando" (Sellin, 1995, p. 54 *apud* Bialer, 2017, p. 239).

Carly Fleischmann nasceu no Canadá em 1995 e foi diagnosticada com autismo, apraxia orofacial e atraso cognitivo na infância. É não-falante e digita utilizando apenas um dedo. Carly, juntamente com seu pai, escreveu um livro chamado *Carly's Voice – Breaking Through Autism [A voz de Carly – Superando o autismo]*, criou contas no Facebook e no Twitter e um blog no qual compartilha suas vivências e forma de ver o mundo. Carly também criou um programa chamado *Speechless with Carly Fleischmann [Sem palavras com Carly Fleischmann]*, no qual ela entrevista celebridades através de recursos tenológicos, digitando e emitindo sua voz computadorizada.

No posfácio do livro, escrito por seu pai, destaca sua relação com a fala, sua voz e o processo até conseguir se comunicar através da digitação:

> [...] porque eu chamo minha voz de 'voz interior'? A verdade é que desde que eu era uma criança pequena, eu falava. As palavras nunca saiam da minha boca ou da minha cabeça para serem partilhadas com o mundo exterior, mas eu falava comigo mesma na minha cabeça [...]. Eu sempre tive uma voz. Ela só estava dentro de mim. Eu ia falar comigo mesma e, às vezes, até responder para as pessoas, embora elas não pudessem me ouvir (Fleischmann, 2012, p. 360 *apud* Bialer, 2017, p. 100).

A partir de suas colocações, é possível perceber sua dificuldade em relação às habilidades expressivas, o que torna explícito que esta dificuldade não está relacionada à compreensão ou ao fato de não ter desejo de se relacionar com as pessoas, crença social muito comum quando as pessoas se referem ao autismo. Os desafios na área de linguagem são muito impactantes na sua relação com os outros e com o mundo.

Naoki Higashida, que também consegue se expressar através da fala em algumas situações, sobre sua voz destaca:

> Quando uso uma voz estranha, não é algo que faço de propósito. Com certeza existem momentos em que acho o som da minha voz reconfortante, quando digo palavras familiares ou frases fáceis de falar. Mas a voz que não consigo controlar é diferente. Ela escapa de mim sem querer: é como se fosse um reflexo (Higashida, 2014, p. 29).

A conexão entre a voz, a fala e o corpo, quando nos referimos à linguagem, se mostra central para a compreensão das trocas interativas e da subjetividade. No caso de Birger Sellin, por exemplo, ele percebia que seu corpo fazia ações que não eram as que pensava/desejava, que não conseguia reagir como as pessoas esperavam e se dava conta de que por isso era julgado como uma pessoa com deficiência intelectual, devendo fazer tarefas cada vez mais simples, baseadas no preconceito de que não era capaz de compreender algo mais difícil e complexo. Essa coloação de Sellin abre espaço para o um aspecto crucial na educação de estudantes autistas: *presumir competência*, acreditar que são capazes, reconhecendo suas diferenças individuais e disponibilizando condições adequadas para que possam partilhar suas potencialidades.

Quanto a isso, Sellin destaca que "falta de fala não é o mesmo que falta de inteligência" (Sellin, 1995, p. 199 *apud* Bialer, 2017, p. 240). É importante que possamos compreender e refletir sobre essa afirmação de Sellin, na medida que o mesmo tenta destacar, com as informações que tem disponíveis, os desafios existentes para explicar seu próprio funcionamento de uma forma objetiva. Contudo, destacar *falta de inteligência* nesse contexto traz uma visão estigmatizante em relação às pessoas com deficiência intelectual, rótulo que precisa ser descontruído na construção de uma sociedade não-capacitista e não-excludente.

Um outro exemplo é o de Ido Kedar, um adolescente estadunidense, autista e não-falante que escreveu um livro autobiográfico em 2013 com textos escritos entre os seus 12 e os 15 anos. Por conta de sua dificuldade na realização de atividades simples e por apresentar comportamentos incomuns, foi bastante subestimado e, quando publicou seus textos, foi capaz de mostrar que era um jovem reflexivo, sensível e com muito desejo de se expressar.

Em suas palavras, ele destaca "Eu sou uma mistura estranha. Eu sou inteligente como uma mente e burro como um corpo" (Kedar, 2013, p. 113 *apud* Bialer, 2017, p. 249). Ido destaca que as dificuldades sensoriais e motoras impactavam diretamente na forma como não conseguia conectar corpo/mente e isso fazia com que seus comportamentos não traduzissem o que ele pensava e sentia. Essa sua reflexão nos mostra a relação corpo e mente em descompasso, sem sintonia. Além da dificuldade em direcionar seu corpo para realizar gestos e comunicar suas intenções, outra dificuldade era em relação à fala: "eu sei que meus pensamentos estão se perdendo no caminho até a minha boca. Eu penso uma ideia. Eu tento dizê-la e a coisa errada sai para fora" (Kedar, 2013, p. 53 *apud* Bialer, 2017, p. 250).

Naoki Higashida também enfatiza não conseguir se apropriar do próprio corpo para execução das ações que deseja. Em suas palavras destaca que é "como comandar por controle remoto um robô com defeito" (Higashida, 2014, p. 47–48). Sendo o *self* também entendido como corporalizado e considerando esta afirmação com algo que escapa à intencionalidade do sujeito, metáfora importante que nos revela seu sofrimento, o impasse não é só intersubjetivo, mas também intrapsicológico. Diante dessa impossibilidade de coordenar o próprio corpo de acordo com sua intencionalidade, ser repreendido ou mal compreendido pelos comportamentos inadequados era particularmente sofrido, fazendo com que se sentisse "abandonado pelo mundo inteiro" (Higashida, 2014, p. 48). Seu corpo se movimentava independente de seu desejo.

Esses relatos tornam possível perceber a dificuldade de estruturar o corpo para execução das ações desejadas cognitivamente. Elizabeth Bonker é uma estadunidense, autista e não-falante. Com 13 anos de idade, digitando utilizando apenas um dedo, escreveu seu livro *I am in here [Eu estou aqui]* em 2011, no qual aborda diversas questões relacionadas ao autismo por meio de sua poesia. Em seu livro autobiográfico, destaca sua árdua batalha interior, descrevendo o conflito entre sua vontade de se expressar e a agonia que a impedia. Em um de seus poemas descreve:

> Eu temo às vezes
> Que as pessoas não entendam
> Que eu ouço.
> E eu sei
> Que eles não acreditam que eu vou
> Até todo o extremo
> Para tentar expressar
> Minha necessidade de falar.
> Se ao menos eles pudessem andar
> Nos meus calçados/se colocar no meu lugar
> Eles saberiam partilhar minhas novidades:
> Eu estou aqui.
> E tentando falar todo dia
> De algum jeito (Bialer, 2017, p. 274).

No comentário do seu poema "Mente", explica que luta todo dia intensamente para que sua boca possa funcionar e falar, mas sente que há um "elo faltando" (Bonker, 2011, p. 95 *apud* Bialer, 2017, p. 277) que lhe impede de expressar o que pensa e levar as palavras a saírem pela boca. Em relação a isso, fica perceptível a questão afetiva: querer e não conseguir falar envolve intensa aflição psicológica.

No espectro autista, a dificuldade em relação ao planejamento motor é algo bastante impactante, algumas pessoas têm comprometimentos orofaciais, o que torna difícil para elas mover a língua e os músculos de sua boca para falar. Pessoas com dificuldades orofaciais e de planejamento motor podem parecer ter comprometimentos cognitivos e sociais quando na verdade existe uma limitação em expressar suas habilidades e competências por suas dificuldades motoras.

Quando pessoas com dificuldades com a motricidade oral comunicam através da linguagem gestual ou de outros modos, como através da escrita ou digitação, muitas vezes fica explícito que entendem o seu mundo em um grau muito mais elevado do que é perceptível por parte das outras pessoas. Acreditamos que isso acontece devido a um desafio primário em conectar suas emoções com seu planejamento motor, o que impacta no sequenciamento de suas ações sob a orientação de seus desejos. As pessoas autistas podem querer proximidade, mas não conseguir demonstrar por conta da dificuldade para traduzir esse desejo em ação.

Annick Dessays nasceu em 1971 na França. Tem diagnóstico de autismo, Síndrome de Reet e um quadro de mutismo; ela se expressa fluentemente pela escrita com a digitação. Em 2009, publicou sua autobiografia intitulada *Libres propôs philosophiques d'une autiste [Observações filosóficas livres de uma autista]*. Annick opõe seus comportamentos e gestos comandados por sua mente exemplificando que é como se existisse um motor que intervém dentro dela, vibrando, impedindo que possa controlar e administrar a ponte entre a sua mente e o seu corpo. Esse motor funciona como uma força estrangeira que rege o seu funcionamento independente da sua vontade, sendo que algumas atividades de terapia motora ajudavam Annick a poder se apropriar do seu corpo para realizar ações, tanto para realizar a ligação entre a sua mente e seu corpo quanto para coordenar diversas partes do seu corpo.

Há, para Annick, uma distinção importante entre querer se comunicar com as outras pessoas e a vontade e impossibilidade de se apropriar da fala para isto. Nesse sentido, ressalta ter um desejo de comunicar e estabelecer um laço fraternal com as outras pessoas, mas há uma impossibilidade do falar. A intensa vontade de se expressar, de poder se comunicar, lhe permite compartilhar seus pensamentos pela escrita (Bialer, 2017).

Birger Sellin destaca se sentir incapaz de falar, expressando, contudo, seu desejo em poder estar em contato com os outros. Para ele, não ter controle dos seus comportamentos é algo muito difícil. Sobre as questões comportamentais, destaca que suas estereotipias funcionavam para controlar e eliminar em parte sua ansiedade, "uma das ansiedades das quais eu mais sofro é como sobreviver um dia" (Sellin, 1995, p. 29, *apud* Bialer, 2017, p. 242), pontuando que suas estereotipias podiam ajudá-lo a se acalmar em momentos em que estava mais ansioso. Sua ansiedade, às vezes, leva-o a episódios de autoagressão, e sobre isso destaca que é como se fosse invadido por "energia demais" (Sellin, 1995, p. 208, *apud* Bialer, 2017, p. 243). Sobre o fato de se sentir ansioso frequentemente, diz:

> eu tenho medo eu tenho
> só medo de
> coisas corriqueiras que parecem tão inad (sic)
> inofensivas
> como prédios
> bom elas parecem ameaçadoras para mim eu estou
> sempre assustado (Sellin, 1995, p. 51 *apud* Bialer,
> 2017, p. 244).

A importância de poder se expressar pela escrita é destacada como a única via que encontrou para demonstrar seu pensamento e emoções. Considerando que a linguagem tem um papel crucial nas relações intersubjetivas, ele destaca:

> eu amo linguagem mais do que qualquer outra coisa
> ela liga as pessoas
> uma linguagem nos dá dignidade e individualidade
> eu não sou sem linguagem (p. 154)
>
> eu amo linguagem
> ela faz o mundo interior florescer
> [...] ela conecta aqueles de nós presos na nossa solidão
> (Sellin, 1995, p. 220 *apud* Bialer, 2017, p. 246)

A construção da subjetividade, por se dar a partir das relações intersubjetivas, está intrinsecamente ligada à linguagem. É por meio de nossas ações corporificadas que somos impulsionados a compreender mundo (Merleau-Ponty, 1999). Embora as pessoas autistas destaquem a dificuldade entre a conexão dos pensamentos e desejos com o sistema motor, a constituição destas é devido à permanente interação com o mundo e com os outros.

As habilidades linguísticas adquiridas são os recursos de que dispõem para agir no mundo e interagir com os outros, compreendendo que a linguagem é um dos fatores diretamente impactados no espectro autista. Sendo assim, a corporeidade e o seu papel na linguagem têm uma importante participação no processo de construção da experiência humana e da subjetividade. As oposições destacadas nos relatos entre mente-corpo nos levam à reflexão acerca dos processos afetivo-cognitivos vivenciados pelas pessoas autistas que, por conta desse fator, acontecem de um modo muito particular, percebendo que a intencionalidade, o desejo e o funcionamento cognitivo são existentes, e a corporificação desses desejos é impactada por conta das questões motoras, o que nos leva a compreender que a relação corporificada da psique é afetada. A corporeidade é uma dimensão produtora de sentidos singulares sobre a relação eu-outro e, dessa forma, ela deve ser pensada não como um mero suporte aos registros neurológicos e motores, muito menos como lócus do somatório de funções sensório-motoras, mas como o próprio tecido relacional e afetivo que transforma os modos de responder às mais diversas outridades e interpelações do mundo (estético, visual, auditivo, tátil e intersubjetivo).

Socialmente existem muitas crenças e visões simplistas a respeito do autismo. Não é porque as pessoas autistas apresentem comportamentos de forma diferente do usual que elas não sintam ou percebam o contexto. Existe um equívoco de que as pessoas autistas não estejam interessadas em interagir e se relacionar. Embora os momentos de interação das pessoas autistas aconteçam de modo não usual por conta dos desafios na área de linguagem, próprias da condição e que se refletem no ato comunicativo, um dos fatores que distingue pessoas autistas de pessoas não autistas não é o fato de não interagirem com os outros ou formarem relacionamentos, mas sim o modo peculiar como as interações acontecem. Sobre isso, Birger Sellin destaca que

> é absurdo fingir que não sinto nada
> essas afirmações incrivelmente estúpidas são
> cheias de frieza
> uma sensação em mim é mais profunda do que
> na maioria
> um pretenso especialista deveria saber isso

> eu quero dizer a um especialista desse tipo
> que nós somos completamente outros com relação ao que ele escreve
> nós somos seres humanos dotados dos mesmos sentimentos
> que as pessoas normais (Maleval, 2017 p. 72).

Naoki Higashida também destaca "Nossos sentimentos são iguais aos de todo mundo, só não conseguimos encontrar uma forma de expressá-los" (Higashida, 2014, p. 47). O lugar de fala das pessoas autistas se mostra como um aspecto crucial, pois é preciso oportunizar que sejam ouvidas do lugar que ocupam em nossa sociedade. A partir dos relatos destacados anteriormente, é possível perceber que a maneira de vivenciar e apreender o mundo, as experiências sensoriais que vivenciam e a relação entre cognição e planejamento motor são distintas.

O percurso que nos parece mais apropriado é compreender cada pessoa autista em sua singularidade: perceber sua intencionalidade, ouvir ou ler o que diz, observar como vive o cotidiano, como experiencia o mundo através dos sentidos, perceber quais são seus interesses. A pessoa autista é um ser humano que possui um funcionamento particular que afeta todas as esferas da sua vida, com especial destaque para as sensações, ações e emoções.

Nos casos discutidos na presente seção, o autismo das pessoas alicerça sua singular maneira de se relacionar. Entramos em contato com modos de ser e estar no mundo diferentes daqueles com os quais estamos habituados; isso nos possibilita uma maior compreensão do autismo e de seu funcionamento, mas, principalmente, de uma valiosa ampliação da nossa visão acerca da complexidade do ser humano. Devemos acolher as diferenças existentes considerando as pessoas autistas, respeitando suas singularidades. Relatos de pessoas autistas e discussões sobre os aspectos subjetivos desconstroem muitas das crenças sociais sobre o autismo, e ninguém melhor que quem vivencia essa condição para fazer emergir essas reflexões.

### 2.1.4 Autismo e adolescência

De acordo com a Organização Mundial de Saúde (OMS), a adolescência é o período da vida que se inicia aos 10 anos e se finaliza aos 19 anos, sendo a pré- adolescência dos 10 aos 14 anos e a adolescência dos 15 aos 19 anos. Trata-se de uma etapa de transição no desenvolvimento humano, na qual não se é mais criança, mas ainda não se é adulto. Segundo Cool (1995)

> [...] é preciso fazer uma distinção entre dois termos, que possuem um significado e um alcance muito diferente: puberdade e adolescência. Chamamos puberdade ao conjunto de modificações físicas que transformam o corpo infantil, durante a segunda década da vida, em corpo adulto, capacitado para a reprodução. Chamamos de adolescência um período psicossociológico que se prolonga por vários anos, caracterizado pela transição entre a infância e a adultez. Como se torna evidente, a puberdade é um fenômeno universal, para todos os membros da nossa espécie, como fato biológico que é, e como momento da maior importância em nosso calendário maturativo comum. A adolescência, por seu turno, é um fato psicossociológico não necessariamente universal e que não adota necessariamente, em todas as culturas, o padrão de características adotado na nossa, de nosso século, foi configurando a adolescência que nós conhecemos (p. 265).

A adolescência não é algo universal, mas a puberdade enquanto maturação biológica sim. O adolescer envolve uma mudança em relação a vários aspectos do desenvolvimento (autonomia, sexualidade, linguagem, responsabilidades, relações sociais etc.) e, quando trazemos a diversidade do espectro autista, é importante considerar que o fato de assumir a demarcação da adolescência não necessariamente traz consigo questões consideradas como universais atreladas ao adolescer. Desse modo, compreendemos que, ao discutir sobre autismo, a adolescência pode não apresentar características sociais do adolescer, pois é necessário considerar aspectos culturais e desenvolvimentais de cada caso especificamente.

O desenvolvimento humano acontece em meio às relações sociais que são vivenciadas e internalizadas pelo sujeito. Sendo assim, a maneira como ele é inserido em seu grupo social tem impactos importantes sobre sua constituição. Diferentes adolescentes apresentam histórias de vida e experiências muito distintas, especialmente quando consideramos o espectro autista. As mesmas experiências podem ter significados bastante diferentes. Dessa forma, é importante pensar no/na adolescente a partir de sua história de vida, das experiências e de suas características em conjunto.

O modo como adolescentes vivem sua adolescência e realizam a transição para a vida adulta é afetado por um conjunto de fatores que envolve a história de vida, as relações com adultos e com os pares, o histórico educacional etc. Louro (2012, p. 37) traz que nesse processo relacionado às deficiências é de crucial importância "os suportes emocional e psicológico dos familiares, quando se pensa em termos de crescimento e desenvolvimento, seja de ordem corporal, cognitiva, emocional ou social".

De modo geral, a adolescência é uma época com diversas mudanças e tensões. A nova vivência do adolescer favorece a estruturação de um novo *self* rumo ao universo adulto e, nesta nova fase, o adolescente vive novas experiências com o corpo e a sexualidade, além de transformações psicológicas de uma identidade em transformação com novas representações de si mesmo (Saad; Bastos; Souza, 2020). Tal afirmação descreve especialmente o contexto neurotípico, e consideramos importante destacar que, ainda assim, os percursos podem ser muito distintos de acordo com cada pessoa.

Ao abordar tal temática, devemos refletir sobre o que é adolescer para pessoas autistas, sendo importante considerar o lugar social que é dado a esse sujeito e as habilidades que ele conseguiu desenvolver nesse processo, pois são fatores fundamentais. Os marcadores maturacionais não são certos de emergir para todas as pessoas autistas, dessa forma não podemos universalizar, pois algumas pessoas vão adolescer com as questões clássicas e estar no espectro autista, enquanto para outros pode acontecer de modo diferente.

Considerando os desafios sociocomunicacionais, emocionais, comportamentais e sensório-motores, alguns conflitos do adolescer mostram-se mais complexos associados ao espectro autista. Tais transformações, inerentes à fase da adolescência, afetam tanto a pessoa quanto o ambiente em que ela está envolvida, refletindo no contexto escolar. Em níveis diferentes, as aprendizagens infantis preparam o sujeito para os ajustes da adolescência. As crianças que trabalharam questões relacionadas à independência, autonomia e iniciação, que tenham aprendido a expressar seus desejos e necessidades, podem estar mais preparadas para atender às demandas dessas condutas que cada vez mais lhe serão exigidas, a partir da adolescência.

Como um dos resultados do estudo *A constituição da subjetividade de adolescentes autistas: um olhar para as histórias de vida* (Bagarollo; Panhoca, 2010), notou-se que responsáveis/pais/mães e profissionais, muitas vezes, prolongam a infância das crianças autistas, representando-as, mesmo na adolescência, como crianças, sendo esse um aspecto importante a ser mencionado frente à adolescência de autistas: *infantilização*, que perpassa o discurso familiar e social das pessoas que convivem com quem tem essa condição. Tal fator envolve infantilização da voz ou expressões existentes no universo infantil, mesmo direcionada a um/uma adolescente.

De acordo com Louro (2012, p. 47) "essa linha de comportamento tem um efeito devastador sobre o amadurecimento de tais alunos, incapacitando-os frente a responsabilidades e impedindo-os de conquistar sua própria independência ainda relativa". Embora neste livro estejamos considerando a faixa etária para situar o contexto da adolescência, ao mencionarmos anteriormente que pode haver questões envolvidas no adolescer enquanto processo psicossociológico, entendemos a importância de uma relação que valide a faixa etária que a pessoa se encontra, pois esse é um fator que possibilita uma nova leitura de si e do mundo ao sujeito quanto ao que é esperado em cada fase da vida. Estes processos contribuem diretamente para um amadurecimento em relação as questões desenvolvimentais.

É comum a dificuldade da família e da própria pessoa autista em desprender-se da percepção de si enquanto criança para a aquisição da percepção enquanto adolescente, repercutindo na privação de vivências inerentes a esta nova etapa da vida. Tais dificuldades demandam maior envolvimento da família a fim de impactar no preparo da pessoa autista. Nesse sentido, é fundamental proporcionar autonomia na vida do/da adolescente, persistir e pensar em caminhos alternativos, pois esse aspecto configura-se um importante pilar na construção da identidade. De acordo com cada faixa etária, a autonomia vai se modificando e da infância para adolescência alcança um novo patamar, sendo muito importante sua expansão com apoio familiar e profissional.

Independente das características únicas de cada caso, ao abordamos esta fase tão importante do desenvolvimento, é preciso compreender que

> [...] adolescência é uma transição de inquestionável importância na vida das pessoas, mas também é uma transição entre outras, não sendo a única, nem a última. Como acontece nas demais transições, existirão elementos do passado que se conservam e novos elementos que surgem ou que precisam ser construídos. O equilíbrio que, em cada caso, existir entre o que é novo e o que permanece, entre o que assegura a continuidade do mesmo ser psicológico e social,

> e o que possibilita seu desenvolvimento e transformação, informar-nos-á em que medida, para cada sujeito concreto, pode-se falar com mais propriedade, na adolescência, de continuidade ou descontinuidade (Coll, 1995, p. 272).

Nesse processo de desenvolvimento, é preciso destacar que as fontes de tensão não residem apenas nos sujeitos e que as relações intersubjetivas desempenham um papel na gênese dessa identidade. Pode acontecer de pais/mães/responsáveis estarem enfrentando conflitos que podem repercutir diretamente na maneira como se relacionam com suas/seus filhas/filhos, em sua maior ou menor disponibilidade e acessibilidade, em sua maior ou menor rigidez ou flexibilidade (Cool, 1995). Nesse aspecto, é importante destacar que o meio social é fundamental na (re)significação das experiências dessa nova etapa e conhecer as relações intersubjetivas que perpassam cada realidade, bem como o contexto cultural, é um fator primordial para investigar as vivências singulares de um/uma adolescente autista.

Nesta obra, um dos fatores que nos impulsionaram a optar pela adolescência envolve o fato das investigações sobre o Transtorno do Espectro Autista (TEA) contarem com uma maior produção bibliográfica sobre a infância de modo geral. Além desse fator, o/a adolescente conta com mais elementos relacionados à organização, autonomia e linguagem que crianças, aspectos que favorecem nossa investigação.

## 2.2 INTERSUBJETIVIDADE E DIALOGISMO: CONTRIBUIÇÕES PARA O DESENVOLVIMENTO HUMANO

É no diálogo com os outros e com o mundo que as diversas vivências acontecem. A estrutura presente neste contexto são as relações intersubjetivas, por isso, inicialmente se faz necessário uma introdução e conexão com o campo dialógico antes de adentrarmos em questões mais específicas do universo intersubjetivo.

É pelo diálogo que as pessoas se comunicam e é nesse espaço que cada sujeito mantém sua individualidade marcada pelo papel que desempenha. De acordo com Guimarães (2010), o dialogismo

> [...] é uma perspectiva, um olhar o diálogo, com desdobramentos para a compreensão das ações simbólicas humanas e para a prática do diálogo. Os discursos, por sua vez, podem

> diferir em seu grau de dialogicidade, de modo a se apresentarem com maior ou menor abertura ao outro (p. 41).

Não há dialogismo sem a alteridade, considerando que é fundamental a outridade e o diálogo na constituição dos sujeitos, dando significado à constante troca entre o que já é e o que ainda não é. No diálogo, a palavra tem um papel preponderante, pois ela não é neutra; é sempre interindividual, reúne em si as diversas identidades do sujeito e permite sucessivas negociações entre os interlocutores, em busca de equilíbrio, eventualmente gerando novidade nos níveis intra e intersubjetivos. De acordo com Bakthin (1988),

> [...] todas as palavras evocam uma profissão, um gênero, uma tendência, um partido, uma obra determinada, uma pessoa definida, uma geração, uma idade, um dia, uma hora. Cada palavra evoca um contexto ou contextos, nos quais ela viveu sua vida socialmente tensa: todas as palavras e formas são povoadas de intenções (p. 100).

Em um olhar dialógico, a pluralidade de vozes externas é constitutiva da consciência individual ao longo da vida de uma pessoa. Nessa concepção, as diferentes vozes da consciência são ouvidas, valorizadas e promovidas, fazendo parte do processo constitutivo de cada sujeito. Nesse processo dialógico e de construção da subjetividade humana, nós nos deparamos com as relações intersubjetivas que estão no centro dos processos de construção, manutenção e transformação do nosso eu. A relação do sujeito com o mundo acontece no diálogo com os outros, por esse fator a subjetividade só existe por conta da intersubjetividade. As várias experiências acontecem em nosso diálogo no mundo e com os outros, construindo e reconstruindo, por isso acreditamos que os fenômenos humanos estão estruturados nas relações intersubjetivas.

Jaan Valsiner (1998) define intersubjetividade como um domínio temporário de significados compartilhados entre duas ou mais pessoas ou entre diferentes níveis de funcionamento semiótico na mesma pessoa. Considerando que a psique humana é complexa, subjetiva e significativa e que a partir das tensões novos significados são construídos, a tensão presente nessas interações é central para o desenvolvimento psicológico humano. A partir disso, podemos afirmar que é nesse diálogo intersubjetivo que o *eu* e o *outro* se constroem mutuamente, considerando a temporalidade, imprevisibilidade, incerteza, assimetria, tensão e transformação como características centrais desse processo.

A possibilidade de alteração na construção de significados e apropriação de conceitos abertas pelas relações intersubjetivas é de grande importância para o desenvolvimento humano. Os sistemas semióticos, ou seja, de construção de significado, funcionam organizando e desorganizando as experiências vivenciadas diante da imprevisibilidade, e o diálogo entre pessoas/contextos é uma importante possibilidade de engajamento em interações entre os sujeitos. Existem diversas formas de expressar conceitos, que nos mostram diferentes modos de pensar e expressar significados construídos pelo sujeito em atuação no ambiente. Esses significados compartilhados apresentam um certo nível de estabilidade, permitindo a comunicação em uma determinada comunidade.

> A tentativa de compartilhar significados é importante como possibilidade momentânea de nos engajarmos em interações com outros, gerando demandas de negociação intersubjetiva e eventual transformação nos significados de nossas experiências, que buscaremos então novamente partilhar com outros, e assim por diante.
>
> Nessa medida, a intersubjetividade é concebida como um acontecimento temporário que precisa ser constantemente (re)instaurado na comunicação, sendo então, ela mesma, processual e coconstruída no processo interativo, sustentando sua própria dinâmica (Valsiner, 1998, p. 33).

A partir da troca dialógica, podemos dizer que a intersubjetividade leva constantemente à criação, manutenção e mudança de sentido pessoal. O papel do outro tem uma importância na medida que possibilita a negociação de valores, organiza a experiência e o comportamento. Nesse contexto, dá sustentação ao envolvimento no processo interativo e guia as atividades de significação dos sujeitos.

É através das trocas dialógicas que nos transformamos, ressignificando nossos significados particulares. Essa transformação, em nossos significados, acontece principalmente pelo: pensar, falar, agir, sentir etc., em sua unicidade espaço-temporal. Na vida cotidiana, as pessoas estão sempre interpretando o que percebem e (re)significando, no contexto escolar isso não é diferente. Essa ação de dar significado ao mundo e às novas situações vivenciadas é possível por conta da mediação semiótica que se materializa em diálogo interno. A significação das mensagens pelo falante pressupõe a interpretação a ser realizada pelo ouvinte. Por este fator, no desenvolvimento o processo bidirecional existente nas interações humanas implica considerar que as mensagens que dirigimos aos outros serão entendidas a partir de uma elaboração em um processo transformativo do enunciado recebido, influenciados pelo aqui e agora, pela interpretação e pelas emoções.

Para as pessoas autistas, considerando os impactos sensório-motores e sociocomunicacionais, essa troca dialógica, a construção de significados (pelo sentir, agir e expressar), a construção do pensamento e a interpretação de mensagens são fatores que são impactados diretamente pela singularidade de cada sujeito. Especificamente sobre as questões sensoriais, se as informações, através dos sentidos, são percebidas de modo atípico, isso interfere diretamente na maneira como serão interpretadas; se existem desafios em relação à linguagem expressiva, a interação verbal estará comprometida; se existe dificuldade em relação a manter atenção, concentração etc., no contexto de interação social, isso impacta a apreensão do contexto, a construção de significados, construção do pensamento e decodificação de mensagens. Dentre outras situações que poderiam ser destacadas, é importante ressaltar que cada contexto é único e, em relação a isso, é necessário ter atenção em todos os aspectos envolvidos e nos processos que interferem.

Considerando o entrelaçamento entre os conceitos de interação social e comunicação, fundamentais nas relações intersubjetivas, e partindo do pressuposto de que há uma associação intrínseca entre ambos, reconhecemos como relevante abordá-los à luz das contribuições de Vigotski (2010). De acordo com o teórico,

> para se comunicar alguma vivência ou algum conteúdo da consciência a outra pessoa não há outro caminho a não ser a inserção desse conteúdo numa determinada classe, em um grupo de fenômenos, e isto, como sabemos, requer necessariamente generalização. Verifica-se, desse modo, que a comunicação pressupõe necessariamente generalização e desenvolvimento do significado da palavra, ou seja, a generalização se torna possível se há desenvolvimento da comunicação. Assim, as formas superiores de comunicação psicológica inerentes ao homem, só são possíveis porque, no pensamento, o homem reflete a realidade de modo generalizado (Vigotski, 2010, p. 12).

Para que a comunicação possa existir, é necessária a existência de códigos compartilhados socialmente, com significados e normas existentes entre as pessoas, próprias de cada cultura. Nesse contexto, Vigotski (2010) destaca a existência da linguagem, que é um meio de comunicação social, de enunciação e compreensão. De acordo com Scheuer (2002, p. 53), "a linguagem mostra-se por uma clara ligação entre gestos, palavra, sintaxe e a intenção comunicativa ou o desejo e o querer transmitir a uma ou a várias pessoas uma mensagem".

A linguagem é um mecanismo de "elaboração e partilha de significações num contexto com sentido" (Marc; Picard, 2000, p. 15), ou seja, trata-se de um sistema complexo e dinâmico de símbolos, usado para o ser humano se comunicar e pensar. Logo, os sujeitos envolvidos na comunicação atribuem significados, interpretam, constroem e reconstroem mensagens em um contexto social dinâmico, que sofre constantemente alterações de acordo com as percepções e interpretações de cada um dos envolvidos.

> O sentido de uma mensagem surge dentro de um contexto (local e particular) e altera-se ao se deslocar de uma pessoa para outra influenciando o seu contexto particular e criando um contexto público e compartilhado pelos participantes. [...] Vemos, então, que a comunicação não pode ser pensada como um processo linear, mas interativo e intersubjetivo que envolve não somente a linguagem, como veículo de comunicação, mas como ferramenta de construção de significados, caracterizando o processo de comunicação como um fenômeno relacional, constituindo uma realidade sistêmica única em que os sujeitos estão ativamente envolvidos e que contém sua dinâmica própria e regras específicas (implícitas ou explicitas) das quais nenhum dos sujeitos tem o domínio completo (Passerino, 2005, p. 20).

A teoria histórico-cultural elaborada por Vigotski traz consigo a ideia de que todo homem se forma como ser humano a partir das interações que estabelece com os outros. Nessa concepção, participam das interações não apenas os sujeitos envolvidos, mas todo o contexto sociocultural ao qual pertencem. Esse princípio de desenvolvimento é reconhecido como um processo complexo e dialético de relações que se tecem entre o meio social e as bases biológicas e que promovem o desenvolvimento cognitivo e social dos sujeitos em interação (Passerino, 2005; Vigotski, 2007; Martins, 1997; Rego, 1995; Moll, 1996).

Nessa ótica, parte-se do pressuposto que "o sujeito interage ativamente com o meio e que este modifica aquele em função de sua ação" (Soares, 2009, p. 2). Logo, o processo dialógico intersubjetivo acontece no contínuo intercâmbio de significados entre o sujeito e os outros. As pessoas vão, gradativamente, apropriando-se da cultura nas suas relações com os objetos e com o outro. Ou seja, através das relações intersubjetivas estabelecidas pelas pessoas com os outros e com o mundo, elas estão constantemente (re)significando e se apropriando dos conceitos e da linguagem utilizada pelo grupo social do qual fazem parte. Nesse contexto, sabendo que o desenvolvimento humano é constituído pelas e nas relações intersubjetivas, os instrumentos simbólicos ganham importância.

Embora Vigotski não aborde a questão da intersubjetividade, suas contribuições frente aos processos de interação que envolve a relação entre sujeitos, mostram-se significativas. Na troca interativa, as pessoas envolvidas geram conjuntamente contribuições, pois, quando se aborda o desenvolvimento, consideramos que cada participante age ativamente no compartilhamento das experiências, construindo-se mutuamente de forma dialógica. A consciência de si forma-se juntamente com a consciência do outro. Na atual obra, que envolve autismo, intersubjetividade e o contexto escolar, consideramos que estudantes autistas constroem significados, aprendem e se desenvolvem a partir das tensões estabelecidas entre as relações intersubjetivas vivenciadas. Por esse fator, dissertaremos sobre o contexto escolar, mas anteriormente sobre uma aproximação entre o dialogismo bakhtiniano e a educação com as contribuições de Paulo Freire.

### 2.2.1 Eu-outro-mundo: aproximações entre Paulo Freire e o dialogismo bakhtiniano

Considerando a base epistemológica deste livro e sua investigação sobre questões intersubjetivas no contexto escolar, faz-se necessário tecer um diálogo com questões educacionais. Em relação aos aspectos teóricos, o pensamento destes dois autores que se tornaram importantes em diferentes áreas, Mikhail Bakhtin na Linguística e Paulo Freire na Educação, aproximam-se em alguns aspectos e abrem espaço para muitas contribuições e discussões em torno dos processos interativos, dialógicos e educacionais que permeiam esta obra.

Relacionando com a teoria bakhtiniana já apresentada, trouxemos aspectos da teoria freireana que se aproximam desse contexto de modo a explanar suas contribuições para o cenário atual do estudo no campo humano e educacional, acreditando que pode oferecer uma compreensão importante dos processos de interação no contexto escolar que envolvem ensino-aprendizagem para além de aquisições cognitivas, a partir da compreensão de realidades em permanente transformação.

A vida cotidiana, em sua totalidade, é construída na partilha com outros. Estamos em constante contato com outras pessoas e mesmo quando estamos sozinhos, os outros estão de algum modo presentes. Com base nesse referencial bakhtiniano, sabemos que o indivíduo é sempre um agente ativo nas relações sociais: organiza discursos, é responsável por seus atos, é responsivo ao outro e ao meio, e é nessas relações, que experiencia na vida com diversas pessoas, que nasce e molda seu *eu*. Relacionando tal pensamento com a educação, campo que permeia nossa obra, Freire (1977, p. 76) destaca que "O homem é homem e o mundo é histórico-cultural na medida em que, ambos inacabados, se encontram numa relação permanente, na qual o homem, transformando o mundo, sofre os efeitos de sua própria transformação".

Nessa relação ser humano/mundo, que se estabelece dialeticamente, observa-se que um remete ao outro e vice-versa nas relações que se movem se complementando. Sobre o aspecto ontológico, temos uma concepção de ser humano que "não pode ser compreendido fora das suas relações com o mundo [...] o homem se encontra marcado pelos resultados de sua própria ação" (Freire, 1977, p. 28). Desse modo, o ser humano começa a ser visto como ser de relações que se constrói a partir da troca com outros, devido a sua natureza inconclusa, feita em suas relações no mundo, com o mundo e com os outros.

Para Freire (1996, p. 98) "como experiência especificamente humana, a educação é uma forma de intervenção no mundo". A educação como prática social coletiva é um fenômeno tecido na interação social e, sendo assim, a prática educativa é uma realidade socialmente produzida pela ação humana que envolve relações entre indivíduos que vivenciam um determinado contexto sócio-histórico-cultural em um dado momento espaço-temporal. Assim como para Bakhtin, para Freire as relações ganham destaque em sua teoria.

Homens, mulheres e pessoas com gênero não binário são seres de relações. Para Paulo Freire, como sujeitos sócio-histórico-culturais, os seres humanos se fazem em suas relações no mundo, com o mundo e com os outros. "Embora mantenha uma relação consigo mesmo, é no limiar do encontro com o outro, no concreto mundo da vida que constrói sua identidade" (Matos, 2013, p. 70). Ao destacar a importância do ser se assumir como sujeito social e histórico, como pensante, comunicante, transformador e criador, Freire destaca que "a assunção de nós mesmos não significa a exclusão dos outros. É a "outredade" do "não eu", ou do *tu,* que me faz assumir a radicalidade de meu *eu*" (Freire, 1996, p. 41). É possível identificar uma relação direta com a teoria bakhtiniana na medida que Bakhtin destaca o conceito de *outridade* e a constituição do eu a partir das trocas estabelecidas com outros. Além disso, o caráter da relação que destaca é, antes de tudo, de complementaridade, de afirmação do seu valor recíproco. Da mesma forma, Bakhtin nos mostra que no contexto dialógico existe o processo coautoral de coconstrução mútua entre os sujeitos a partir do dialogismo, porém, para essa teoria a ideia é que a diferença gera a tensão dialógica. A tensão dialógica acontece quando o *eu* e o *outro*, a partir dos diferentes lugares sociais que ocupam, se encontram no campo relacional e precisam realizar negociações a partir das diferenciações existentes entre ambos.

Embora não aborde o conceito de *unicidade* com o mesmo nome de Bakhtin, quando destaca que a individualidade do ser humano é intrinsecamente social, explicita que a singularidade do ser acontece a partir das vivências com os outros, ou seja, das relações e tensões que se estabelecem entre eu-outro. Sendo assim, o ser único, individual, irrepetível e singular que se constitui no contexto sócio-histórico-cultural se aproxima do conceito de unicidade apresentado por Bakhtin. Compreendendo a relação como princípio na constituição dessa individualidade, destaca que o sujeito "não pode ser compreendido fora de suas relações com o mundo, de vez que é um 'ser-em-situação'" (Freire, 1977, p. 28), ou seja, o ser humano não *é*, e sim *está sendo*.

O ser humano, historicamente situado no mundo e com o mundo, ao se apresentar como ser de relações mostra-se perfectível, inacabado e em permanente mudança. Para Freire (1996), do ponto de vista existencial, os seres humanos são inacabados, estão em constante processo de construção. O teórico destaca que "o inacabamento do ser ou sua inconclusão é própria da experiência vital. Onde há vida, há inacabamento" (Freire, 1996, p. 50). É possível dizer que a conclusão ontológica da obra freireana foi a da *inconclusão* do ser humano. "O homem é homem e o mundo histórico cultural na medida em que, ambos inacabados, se reencontram numa relação permanente, na qual o homem, transformando o mundo, sofre os efeitos de sua própria transformação" (Freire, 1977, p. 76). Se para

Bakhtin o *eu* se constitui a partir do *outro*, sendo assim, nunca está completo, é possível destacarmos uma aproximação quanto à inconclusão e ao inacabamento do ser apresentados por Freire.

É possível perceber que a obra de Paulo Freire é um destaque as questões humanas e coletivas; sobre como pessoas podem, coletivamente, reinventar a vida, a história e a sociedade; que cada um de nós desempenha um papel crucial como sujeitos ativos transformadores; e sobre a reponsabilidade que trazemos no nosso existir. Em suas palavras, Freire (1996) destaca:

> Gosto de ser homem, de ser gente, porque sei que a minha passagem pelo mundo não é predeterminada, preestabelecida. Que o meu "destino" não é um dado mas algo que precisa ser feito e de cuja responsabilidade não posso me eximir. Gosto de ser gente porque a história em que me faço com os outros e de cuja feitura tomo parte é um tempo de possibilidades e não de determinismo. Daí que insista na *problematização* do futuro e recuse sua inexorabilidade (p. 52-53).

Em alguns momentos de seus escritos destaca a questão de a responsabilidade ser atrelada à questão ética, o fato de ser traz consigo uma responsabilidade com o mundo e com os outros. Outros que constituem seu *eu* de maneira conjunta e dialógica. Bakhtin apresenta o contexto de responsividade conectado ao de responsabilidade, o que também nos permite aproximar ambos os aspectos.

"Freire não emprega a palavra dialogismo, tal como Bakhtin, mas sim dialogicidade. Ao destacar o termo desse modo, sugere-se a impressão de diálogo em acontecimento, em constante ação-reflexão" (Scorsolini-Comin, 2014, p. 253). O dialogismo em Bakhtin e a dialogicidade em Freire contribuem para nossa compreensão a respeito do caráter coletivo das produções para o primeiro e de um acontecimento em constante transformação, ação-reflexão, para o segundo. Para nós, tecer uma ponte entre esses autores contribui para uma visão de mundo mais profunda, o que pode ser um poderoso instrumento para uma educação que se propõe transformadora e diferenciada. O objetivo em aproximar essas duas teorias trazendo as contribuições de Paulo Freire é por considerar a complexidade da temática e buscar expandir o diálogo das ciências humanas dentro do contexto educacional, visando possibilitar aos leitores e às leitoras uma relação de conhecimento transdisciplinar construídos sobre as relações, trazendo ganhos, também, para a Psicologia.

## 2.3 COGNIÇÃO E O CONTEXTO ESCOLAR NA PERSPECTIVA HISTÓRICO-CULTURAL

### 2.3.1 Cognição e cultura

Considerando o campo da Psicologia Cognitiva em que esta obra foi circunscrita, com destaque específico para intersubjetividade no contexto escolar, percebemos a importância de construir um elo entre as questões culturais destacadas anteriormente e a cognição. Dessa forma, esta seção aborda esse diálogo, com os caminhos que resolvemos percorrer dentro do campo para construção deste livro.

A psicologia cognitiva em si mesma é múltipla. A ciência cognitiva busca responder à pergunta de *como construir o conhecimento,* e isso envolve muitas áreas, conforme o hexágono de Howard Gardner (1985) (imagem 1) – Antropologia, Psicologia, Neurociências, Filosofia, Inteligência Artificial e Linguística – e não apenas a Psicologia. Embora reconheçamos as raízes biológicas da cognição, as reflexões que aqui fazemos nos separam das pesquisas cognitivas que trabalham na interseção entre as neurociências e o processamento de informação e se aproximam do domínio linguístico na especificidade da condição humana. Dessa forma, nos orientamos pelas interseções entre Psicologia, Linguística e Filosofia, introduzindo a cultura como dimensão indispensável na compreensão da atividade cognitiva humana.

Imagem 1 – Hexágono de Gardner sobre a Ciência Cognitiva

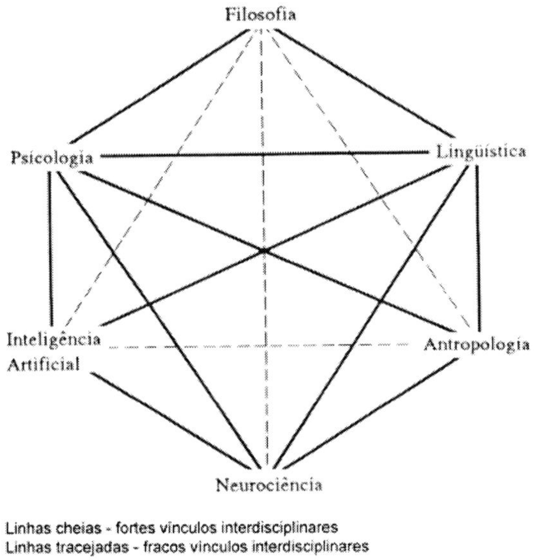


Fonte: Gardner (1985)

A ciência é cognitiva porque se debruça sobre as questões acerca das condições de possibilidades do conhecimento, porém, nenhum processo é exclusivo a uma determinada área, o que faz a área ser cognitiva é se debruçar sobre o processo de *conhecer*, o que implica interpretar de um modo particular, ou seja, perspectivar.

Toda perspectiva é uma posição da qual o sujeito vê o mundo e isso está diretamente conectado ao contexto cultural em que está imerso. A cultura é gerada como um campo social de interações, no qual a relação eu/outro age modulando as experiências do *self*. Durante a inserção, o *eu* e o *outro* se constroem mutuamente, e essa construção pode gerar diversas tensões nos âmbitos pessoal e coletivo (Simão, 2016). A cultura acontece nas bordas pessoais do eu e do outro. Ela estabelece limites e, no processo de troca entre sujeitos, as tensões geram movimento e desenvolvimento. Considerando esses aspectos, neste livro buscamos analisar tanto as colocações do adolescente sobre sua experiência quanto de outridades significativas, por considerar que das diversas posições que ocupam cada pessoa vê o mundo de uma forma única e contribui de modo significativo para a obra em questão.

De acordo com Boesch (1991) cultura diz respeito a um campo simbólico coletivo e dinâmico, que transforma as pessoas e se deixa transformar por elas. No conceito apresentado pelo autor,

> A cultura é um campo de ação, cujos conteúdos vão desde objetos feitos e utilizados por seres humanos a instituições, ideias e mitos. Por ser campo de ação, a cultura oferece possibilidades, mas da mesma forma estipula condições para a ação; isto circunscreve objetivos, que podem ser alcançados por certos meios, mas estabelece limites, também, para a ação correta, possível e também desviante. O relacionamento entre os diferentes materiais, bem como os conteúdos ideativos do campo cultural de ação é sistêmico; ou seja, as transformações em uma parte do sistema podem ter um impacto em qualquer outra parte. Como um campo de ação, a cultura não apenas induz e controla a ação, mas também é continuamente transformada por ela; portanto, a cultura é tanto um processo como uma estrutura (Boesch, 1991, p. 29).

As diferenças entre o eu e o outro são inseparáveis dos processos de desenvolvimento na vida social, representando *barreiras* e *fronteiras*. O esforço pessoal humano de elaborar em experiências contrastantes com o outro requer *flexibilidade* do eu e, assim, a cognição vai se expandindo significativamente. Na medida em que constroem a cultura, os seres humanos, enquanto coletivo, modulam/constroem/reconstroem intenções, crenças, costumes, valores etc. que orientam as ações individuais.

No âmbito da psicologia, a questão da cognição fica situada no modo como, em cada cultura, um sujeito negocia frente as tensões existentes nas interações. O modo como cada um percebe a si mesmo e, reconhecendo seus desejos, age no mundo, define o caráter psicológico e, na perspectiva da psicologia cultural, o sujeito psicológico se constitui nesses contextos dinâmicos, interativos e abrangentes que criam e transmitem significados. De acordo com Bruner (1997, p. 69), nós, enquanto seres humanos, somos equipados com um conjunto de predisposições para interpretar o mundo de modo único e para agir sobre ele, ou seja, apresentamos um "conjunto de predisposições para interpretar o mundo social de uma forma particular e para agir sobre nossas interpretações".

Nós compreendemos, somos apreendidos e expressamos significados envolvidos em nossos ambientes culturais. Innis (2020) traz que a semiótica lida com significados e mensagens em todas as suas formas e todos seus contextos. Ela envolve processos de criação de significado por meio de signos e por meio deles interpretamos nossas vidas e o mundo em que vivemos.

É no fluxo das experiências vivenciadas na cultura que processos cognitivos se desenvolvem. Considerando o contexto em questão na obra, torna-se fundamental situarmos a perspectiva adotada sobre cognição. Por esse fator a seção seguinte traz o embasamento teórico escolhido, que direciona nosso olhar para educação de estudantes autistas.

### 2.3.2 Estudantes autistas: contribuições da perspectiva histórico-cultural para educação

O mundo é constituído por pessoas, objetos, lugares e ações que têm significados construídos historicamente, cuja apropriação pelo sujeito se dá no contato social existente nas culturas. Todo ser humano, como ser social, vive interagindo constantemente com o meio, sendo por meio dessas interações que se constituem como pessoas, construindo relações que servem de base para suas vidas.

Vigotski (2007) afirma que as características tipicamente humanas resultam da interação do indivíduo com o meio sociocultural. Ao mesmo tempo em que o ser humano transforma o seu meio para atender suas necessidades, também passa por transformações. Segundo ele, é no contato com os membros da cultura de seu grupo social que o bebê, sujeito biológico, transforma-se aos poucos em sujeito histórico-cultural, cuja interação com o mundo será indireta, mediada por sistemas de símbolos característicos especificamente de processos psicológicos superiores, ou seja, aqueles tipicamente humanos.

Vigotski (2007) defende que a relação com o mundo é mediada por signos e instrumentos. O sistema de signos (a linguagem, a escrita, os números), da mesma forma que os instrumentos (objetos, materiais), são criados pelas sociedades e influenciam diretamente a dinâmica social e o nível de seu desenvolvimento cultural. Enquanto o signo constitui uma atividade interna dirigida para o controle do próprio sujeito, o instrumento é orientado externamente, para o controle da natureza. De acordo com Vigotski (2007), a internalização dos sistemas de signos produzidos culturalmente provoca transformações comportamentais e estabelece uma ligação entre as formas iniciais e tardias do desenvolvimento individual.

Assim, para ele, o mecanismo de mudança individual ao longo do desenvolvimento tem sua origem na sociedade e na cultura.

Entre os estudos realizados, Vigotski (1997) investigou o desenvolvimento da criança com deficiência, destacando a importância das interações sociais e dos contextos culturais nesse processo. Sua abordagem evidenciou que, mesmo diante de limitações, o potencial de aprendizagem pode ser ampliado por meio da mediação e do suporte adequado do meio. Quando aborda a defectologia, o teórico se opõe à formação de grupos homogêneos e defende a não segregação de estudantes com necessidades específicas, considerando que as interações sociais entre grupos heterogêneos são condições fundamentais para o desenvolvimento do pensamento e da linguagem. Diante dessa perspectiva, novas possibilidades se abrem aos professores e às professoras que compreendem a deficiência não como limitação, mas como potência – uma força significativa e uma atitude diante da vida.

Vigotski destaca que crianças com deficiência que são orientadas a seguir o mesmo percurso de aprendizagem que crianças sem deficiência, traçam outros caminhos diante de seus desafios desenvolvimentais para buscar superar suas vulnerabilidades. Nesse contexto, os estímulos levam as pessoas com deficiência a superar dificuldades que o autor nomeia como *processos de compensação*, que promovem uma reorganização psíquica.

> A compensação social a que se refere Vigotski consiste, sobretudo, numa reação do sujeito diante da deficiência, no sentido de superar as limitações com base em instrumentos artificiais, como a mediação simbólica. Por isso, sua concepção instiga a educação a criar oportunidades para que a compensação social efetivamente se realize de modo planejado e objetivo, promovendo o processo de apropriação cultural por parte do educando com deficiência (Nuemberg, 2008, 309).

A cultura é produto da vida em sociedade e da atividade social do ser humano. Ela é o principal campo no qual é possível suprir a deficiência. Por conta da necessidade é que acontece o desenvolvimento de formas superiores de comportamento; se não houver necessidade para pensar, o/a estudante não irá fazê- lo. Ao principiar na cultura, a criança internaliza em si algo externo, mas também a própria cultura reelabora todo comportamento da criança e possibilita o surgimento de um novo curso do seu desenvolvimento.

Em sua abordagem, considerando o contexto sócio-histórico da época e a visão de deficiência atrelada ao modelo médico, é possível perceber a existência de termos e conceitos inapropriados como *normal, anormal, doença, defeito etc.*, aspectos que reforçam uma visão estigmatizante, não sendo mais utilizados atualmente. Contudo, são inegáveis suas contribuições para pensarmos a educação de pessoas com deficiência e desenvolvimento atípico, como sua ênfase ao fato de não podermos subestimar ou limitar as condições de desenvolvimento dos sujeitos, sendo importante fornecer condições para que haja compensação; e, também, para se pensar a educação das pessoas com deficiência a partir de sua singularidade, com a discussão dos diversos percursos possíveis no desenvolvimento. Ao adentrarmos no pensamento vigotskiano sobre a defectologia,

> Podemos ver a diferença de seu olhar sobre a criança com deficiência e de suas possibilidades de aprender com relação à concepção reducionista do potencial desta mesma criança a partir de abordagens que focam contundentemente na modificação do comportamento. Vygotsky nos convida a superarmos, a rompermos e transcendermos as práticas de ensino mecanizadas e de formação condicionada de hábitos e habilidades tão somente funcionais para uma compreensão mais ampla (Orrú, 2016, p. 158)

Sabemos que é a cultura que oferece os instrumentos para organizar e compreender nosso mundo de forma comunicável. No entanto, os indivíduos não são meros reflexos da cultura, pois interagem com ela e são produtos também de suas histórias. É sempre em um contexto sócio-histórico-cultural que as pessoas passam a se relacionar e internalizar novas aprendizagens. O processo de expansão das habilidades cognitivas acontece a partir das interações entre eu-outro-mundo, e assim a subjetividade é construída. O envolvimento de todas as pessoas na cultura, relacionando-se e compartilhando atividades diversas, é crucial para que haja o desenvolvimento de cada uma. Somente assim é possível construir dialogicamente a coletividade.

Reconhecendo a educação em suas diversas facetas (formal – acontece em instituições formais de ensino; informal – ocorre no cotidiano ao longo da vida; e não formal – desenvolve-se em espaços de aprendizagem organizados fora dos sistemas formais de ensino) e considerando que esses processos envolvem as interações sociais cotidianas, estamos aprendendo constantemente uns com os outros. É na troca com o outro que atribuímos novos significados à forma como pensamos, sentimos e agimos, isto porque aprendemos e nos desenvolvemos na troca. As relações sempre impactam de modo afetivo-cognitivo as pessoas, levando as mesmas a aprenderem e a se desenvolverem a partir das trocas comunicativas.

A diversidade humana inclui deficiências, e a cultura humana é pensada para pessoas sem deficiência (materiais, espaços, didática etc.). Quando uma pessoa com deficiência ou desenvolvimento atípico surge nesse cenário, imediatamente há uma discrepância entre modos de se relacionar e/ou práticas educativas devido ao desenvolvimento único daquela pessoa. Nesses casos, é preciso construir novos trajetos desenvolvimentais, ao invés de seguir os caminhos convencionais. Quando o caminho direto, em relação ao desenvolvimento, é desafiador para pessoa, é preciso pensar em adequações que consistem em fazer com que ele ocorra. De acordo com Vigotski, é somente pelos caminhos do desenvolvimento cultural que o desenvolvimento das funções psicológicas superiores acontece. A tal colocação, poderíamos adicionar as dimensões afetivas e relacionais, além de outros fatores de ordem não psíquica.

As dificuldades sociocomunicacionais apresentadas por estudantes autistas influenciam diretamente na participação sócio-cultural e no contexto educacional.

> Com implicações para educação, pensa-se que o professor precisa manter a comunicação com todos os seus alunos (com e sem deficiência) e, muitas vezes, ele se vê impossibilitado porque nem todos os alunos têm uma comunicação oral fluente. Diante da realidade e história social, os professores acabam por valorizar apenas a comunicação oral, principalmente pelo desconhecimento de que existem outros artefatos comunicacionais que podem contribuir para que o processo de ensino e aprendizagem se estabeleça (Cavalcante, 2011, p. 44).

As alterações sensório-motoras e sociocomunicacionais próprias da condição do TEA podem acarretar mudanças qualitativas na constituição do *eu*. Cada pessoa irá se constituir psiquicamente de forma única, e é diante da escuta de sua singularidade que ela poderá ser compreendida, a partir do reconhecimento de seus interesses e desejos, que são motivadores no processo educacional. Professores e professoras precisam compreender esses desafios singulares dos/das aprendizes, objetivando ampliar o processo de ensino e aprendizagem.

O caminho educacional único de cada pessoa pode ser encontrado se o/a professor/professora conhecer a/o estudante, mesmo considerando que o trabalho pedagógico junto a estudantes autistas é bastante desafiado pelas singularidades, como, por exemplo, quando observamos as questões sensório-motoras. É importante compreender que, embora essas questões sejam bastante impactantes na educação das pessoas autistas, perpassando o modo como se relacionam e vivenciam o contexto sociocultural, o conhecimento não é apenas um produto do sistema sensorial, embora os sentidos sejam a porta de entrada dos estímulos que nos põem em troca direta com o mundo. O conhecimento é resultado de um processo de internalização do que vivenciamos nas relações sociais. Ambientes ricos de práticas dialógicas, com experiências significativas, onde haja sensibilidade no olhar para a singularidade e um foco nas relações sociais, sem dúvida, favorecem o aprendizado dos sujeitos.

Os conhecimentos sobre o ensino de estudantes com necessidades educacionais específicas precisam estar ao alcance de quem atua na educação. Professoras e professores que trabalham com estudantes autistas devem ser capazes de criar e/ou adequar materiais, planejar atividades e avaliações acessíveis e analisar seus conhecimentos de maneira muito específica, tudo isso para um melhor desempenho do/da estudante em sala de aula.

Em situações educacionais, as pessoas interagem em uma relação de ensino e aprendizagem, na qual, além do foco relacional, a atenção dos/das docentes deve estar voltada para o desenvolvimento cognitivo, afetivo, sensório-motor e social dos sujeitos. Consideramos que essa relação não deve ser de imposição, mas sim, de cooperação e de respeito. É preciso reconhecer cada estudante como um sujeito interativo e ativo no seu processo de construção de conhecimento. Há várias possibilidades de trajetórias no desenvolvimento, por essa razão, cabe à pessoa mais experiente da interação considerar os conhecimentos prévios das/dos estudantes, sua bagagem cultural e intelectual e construir uma relação de confiança, para favorecer a aprendizagem.

### 2.3.3 Diversidade na escola: educação inclusiva

Cada pessoa é única no mundo. A visão pós-moderna leva em conta a experiência particular das pessoas, a vida cotidiana, a diferença. Candau (2005) destaca que das lutas dos grupos sociais discriminados e excluídos de uma cidadania plena, dos movimentos sociais, especialmente os referidos às questões identitárias, nasceu o multiculturalismo. A perspectiva multicultural quer promover uma educação para o reconhecimento do outro, para o diálogo entre os diferentes grupos sociais e culturais. Ela está orientada para a construção de uma sociedade democrática, plural, humana, que articule políticas de igualdade com políticas de identidade.

Ainda de acordo com Candau (2005), hoje em dia não se pode falar em igualdade sem incluir as questões relativas à diferença. Não se deve contrapor igualdade à diferença. De fato, a igualdade está oposta à desigualdade, e diferença se opõe à padronização, à produção em série, à uniformidade. O que a autora busca trabalhar é, ao mesmo tempo, a negação da padronização e a luta contra todas as formas de desigualdade e discriminação presentes na nossa sociedade. A igualdade que queremos construir assume o reconhecimento dos direitos básicos de todas as pessoas.

A importante articulação entre igualdade e diferença no nível das políticas educativas, assim como das práticas pedagógicas, se faz um aspecto central. O reconhecimento e a valorização da diversidade, com as questões relativas à igualdade e ao direito à educação, como direito de todas e todos. É necessário que experimentemos uma intensa interação com diferentes modos de viver e expressar-se "as diferenças não podem ser apresentadas nem descritas em termos de melhor e/ou pior, bem e/ou mal, superior e/ou inferior, positivas e/ou negativas, maioria e/ou minoria etc. São, simplesmente – porém não simplificadamente –, diferenças" (Skliar, 2006, p. 23).

A concepção inclusiva aqui discutida valoriza a pessoa com deficiência enquanto ser humano e, sob essa perspectiva, a limitação passa a ser vista como uma das características da pessoa e nunca como referência de quem ela é. Como destacado por Mantoan e Prieto (2006, p. 18), "Para instaurar uma condição de igualdade nas escolas não se concebe que todos os alunos sejam iguais em tudo, como é o caso do modelo escolar mais reconhecido ainda hoje". A escola, ao mesmo tempo em que afirma que estudantes são diferentes quando se matriculam em uma série, no final do ano letivo os avalia com o objetivo de verificar se atingiram igualmente os conhecimentos estabelecidos para aquela série; caso contrário, serão excluídos por repetência ou passarão a frequentar os grupos de reforço e de aceleração da aprendizagem.

Além de considerar a igualdade e a diferença diante das políticas educativas, é fundamental destacar a qualidade e a equidade na educação. Um sistema educacional de qualidade precisa ter compromisso com a equidade, considerando o respeito à diversidade, a fim de reconhecer as singularidades de cada pessoa. Assim, quando destacamos equidade, nós nos referimos não à igualdade de direitos de forma homogênea, mas à igualdade de oportunidades considerando as características e necessidades individuais de cada pessoa.

Na igualdade equitativa, as instituições educacionais precisam ser justas, considerando as características e singularidades. Por esse fator, a equidade se coloca como uma forma de articular as diferenças de maneira justa com a finalidade de amenizar as desigualdades. Reconhecer que todas e todos têm direitos iguais incontestáveis na sociedade implica compreender que as instituições educacionais devem considerar a igualdade equitativa de oportunidades em benefício das minorias, não devendo, sob hipótese nenhuma, compactuar com formas de discriminação.

De acordo com o modelo social de deficiência, as barreiras existentes nesse cenário podem incluir falta de acessibilidade física ou comunicacional, práticas excludentes, atitudes e políticas discriminatórias. Essas barreiras sociais podem limitar as oportunidades de educação, emprego, moradia, participação política e outras áreas da vida. O modelo social enfatiza a necessidade de eliminar barreiras e promover a inclusão plena das pessoas com deficiência na sociedade. Isso requer mudanças não apenas nas políticas e práticas, mas também nas atitudes e percepções sociais em relação à deficiência. Ao contrário do modelo médico, que coloca a responsabilidade pela adaptação no sujeito, o modelo social reconhece a responsabilidade da sociedade em criar ambientes inclusivos e acessíveis para todos os seus membros.

A inclusão significa organizar a escola estruturalmente, redefinir os planos para uma educação que respeite as diferenças, eliminar as barreiras arquitetônicas e adquir novos materiais e recursos, além de preparar a equipe que irá atuar no espaço (educadores, educadoras, auxiliares, porteiros etc.). É indispensável que as instituições de ensino eliminem barreiras arquitetônicas e atitudinais e adotem práticas pedagógicas que se adequem às diferenças dos sujeitos, oferecendo alternativas que contemplem a diversidade, recursos e equipamentos especializados que atendam a todas as necessidades educacionais dos/das estudantes, com ou sem deficiências.

Segundo Sassaki (2003), existem algumas barreiras que impedem as pessoas com deficiência de ter igual acesso aos lugares, serviços, informações etc. na sociedade. No que se refere à escola, as barreiras físicas, ou seja, decorrentes de problemas de acessibilidade na sua estrutura, e/ou as barreiras atitudinais têm dificultado significativamente o acesso e a permanência de estudantes com deficiência na escola. Essas últimas, barreiras atitudinais, são baseadas na rejeição, no medo, na estigmatização, e nos preconceitos, que são os mecanismos de defesa existentes diante do sujeito que aprende visto como "diferente".

Na trajetória da educação especial no Brasil, instituições especializadas foram inicialmente as grandes responsáveis pela educação de estudantes autistas, pois não havia espaço para esse público na escola. Com o movimento de inclusão nos anos 1990, as instituições passam, então, a servir de apoio à escola, facilitando e ampliando a aprendizagem do/da estudante, dando possibilidades para que este/esta possa se desenvolver de maneira plena.

Nos dias atuais, percebemos que as escolas ainda necessitam de orientações, equipamentos e recursos pedagógicos adequados para as pessoas com necessidades educacionais específicas. Muitas vezes, alguns/algumas docentes apresentam uma formação comprometida em relação às necessidades específicas de seus/suas aprendizes e com isso apresentam uma série de dificuldades no exercício de seu trabalho, o que compromete tanto a aprendizagem do/da estudante, quanto sua autoestima enquanto profissional. O fato de não ter uma direção sobre a maneira como as atividades pedagógicas podem ser realizadas, por desconhecerem as possibilidades de acessibilidade ou de organização do material didático, bem como o uso de outros recursos, pode gerar insegurança, desconforto e concretizar uma visão de que a/o estudante com deficiência não aprende, o que não é verdadeiro.

Nesse cenário contemporâneo, como importante agente da inclusão escolar também temos o/a mediador/mediadora. A distinção entre mediador/mediadora e Acompanhante Terapêutico (AT) se baseia principalmente na natureza de suas funções, formações e objetivos dentro do contexto educacional. Enquanto o/a mediador/mediadora tem como principal objetivo facilitar o processo de aprendizagem e inclusão de estudantes com deficiência ou necessidades educacionais específicas, promovendo sua autonomia e participação ativa nas atividades escolares, o/a AT trabalha sob uma perspectiva clínica, podendo implementar estratégias específicas para facilitar aspectos do desenvolvimento do/da estudante de forma terapêutica. A principal distinção está no enfoque: enquanto o/a mediador/mediadora tem um foco pedagógico, o/a AT tem um viés clínico.

Neste livro, defendemos que a escola é um espaço onde profissionais de educação devem ter autonomia no exercício de sua profissão, não concordando com a sobreposição da área de saúde sobre a área da educação, ou seja, com a imposição do contexto clínico sobre o ambiente escolar. Muitas vezes, a presença de profissionais de saúde na escola ocorre mais por ausência de políticas públicas de formação do que por um ideal pedagógico. Se existe uma lacuna em relação ao preparo dos/das profissionais do contexto escolar para o trabalho com estudantes autistas, essa questão não deve ser solucionada com a inserção de profissionais de saúde para realizar intervenções terapêuticas na escola, mas sim com a oferta de formação continuada para docentes e demais profissionais desse espaço envolvendo acolhimento à diversidade, estratégias para inclusão e conhecimentos sobre autismo. Esse é o caminho para a construção de saberes voltados a esse público, reconhecendo que os/as docentes possuem conhecimentos adquiridos ao longo de sua formação, os quais devem ser valorizados e respeitados.

Acreditamos na perspectiva transdisciplinar na escola e na importância de um trabalho com um olhar holístico, integrando as contribuições de profissionais da Psicologia, Fonoaudiologia, Terapia Ocupacional, Fisioterapia, entre outros. No entanto, repensar e reformular a escola atual, incorporando esses profissionais sem comprometer a autonomia de professores e professoras, é uma possibilidade a ser analisada e desenvolvida. Essa abordagem deve ocorrer de forma equilibrada, sem sobrepor uma área à outra, visando à melhor preparação das escolas como espaços educacionais capazes de atender à diversidade do alunado. Assim, reafirmamos que a escola deve ser um espaço de formação, acolhimento e desenvolvimento, sem abrir mão de sua essência educacional. Em vez de importar modelos clínicos para o ambiente escolar, é preciso investir na formação de educadores e educadoras capazes de atuar com sensibilidade e competência frente à diversidade.

De acordo com Bosa e Camargo (2009, p. 67), a escola tem um papel central para ultrapassar os desafios sociais dos/das estudantes "ao possibilitar o alargamento progressivo das experiências socializadoras, permitindo o desenvolvimento de novos conhecimentos e comportamentos".

É fundamental que professoras e professores considerem a subjetividade dos/das estudantes, suas características únicas e suas implicações pedagógicas como condição indispensável para a elaboração do planejamento e das avaliações de aprendizagem, para a implantação de propostas condizentes e responsivas às suas características. A avaliação de estudantes autistas não deve centrar-se unicamente na/no aprendiz, mas levar em conta o contexto: o funcionamento da escola, os recursos disponíveis, a metodologia empregada, as atividades e os materiais acessíveis, pois, como destacado por Mantoan (1997, p. 2) as

> [...] escolas inclusivas propõem um modo de se constituir o sistema educacional que considera as necessidades de todos os alunos que apresentam dificuldades na escola, mas apoia a todos: professores, alunos, pessoal administrativo, para que obtenham sucesso na corrente educativa geral.

Para a efetivação de fato da proposta inclusiva é necessário que a sociedade em geral esteja instrumentalizada com recursos físicos e humanos apropriados para as pessoas que deles necessitam. Sendo assim, Guebert (2007, p. 22) destaca que "a proposta de inclusão fundamenta-se, portanto, em uma filosofia que possibilita a construção de igualdade de condições a todos".

A formação de professores e professoras tem uma contribuição fundamental nesse processo de inclusão, devido a seu grande papel dentro do sistema pedagógico-cultural e poder de influenciar a escola, estudantes e comunidade. A inclusão requer currículos e planejamentos acessíveis, recursos pedagógicos, organização espacial e docentes capacitados/capacitadas. Como diz Mantoan (2006, p. 9):

> Para formar uma nova geração à luz de um projeto educacional inclusivo, é indispensável o exercício diário da cooperação e da fraternidade, do reconhecimento e do valor das diferenças, o que não exclui a interação com o universo do conhecimento em suas diferentes áreas. Em outras palavras, uma escola para todos não desconhece os conteúdos acadêmicos, não menospreza o conhecimento científico, sistematizado, mas também não se restringe a instruir os alunos, a "dominá- los" a todo custo.

A escola não pode continuar a ignorar o que acontece ao seu redor, nem pode anular ou marginalizar as diferenças nos processos pelos quais forma e orienta estudantes. Pensar em uma escola inclusiva implica querer uma escola livre de preconceitos, que reconheça e valorize as diferenças. Garantir o direito à educação não é o bastante, é preciso assegurar uma educação de qualidade, igualitária e equitativa, uma verdadeira educação para todos e todas.

No contexto de inclusão escolar, não basta apenas orientar docentes, é necessário um trabalho com toda equipe da escola e, também, com estudantes, a fim de construir uma comunidade inclusiva. Considerando a importância dos pares, orientar por meio de reflexões sobre as diferenças, respeito, acolhimento, empatia e as especificidades de cada sujeito; sensibilizar a comunidade escolar; e dissolver questionamentos existentes entre estudantes é consideravelmente importante para contribuir com a forma como lidam com as diferenças no cotidiano, com uma compreensão mais ampla dos pares, a interação e comunicação com a/o estudante com deficiência têm possibilidade de se expandir. A desconstrução de barreiras atitudinais presentes no espaço escolar se constitui como fundamental para que o ambiente seja de fato inclusivo, pois muitas vezes estudantes agem de determinado modo por não saber como agir diferente, por não conhecer, por falta de vivência e/ou orientação. Um olhar para as relações intersubjetivas na escola pode contribuir de modo significativo para esse contexto, colaboração que o presente livro pretende ampliar.

As relações existentes em um contexto diverso, no qual as diferenças se encontram e dialogam, acrescenta ao desenvolvimento e aprendizagem de cada estudante, com ou sem deficiência. Especificamente no caso de estudantes sem deficiência, a interação com pares diversos e diferentes em suas especificidades pode proporcionar: 1) aprimoramento da autoestima e autoconfiança, quando estudantes passam a se sentir capazes de ajudar os outros; 2) capacidade de relacionar-se empaticamente com pessoas que apresentam diferentes percepções, pensamentos, necessidades, formas de aprender e agir; 3) redução do medo das diferenças entre os seres humanos; 4) compreensão e paciência com estudantes que apresentam diferentes formas de aprendizado; 5) mais respeito pelas pessoas, compreensão, aceitação e apreciação da singularidade; 6) preparação para a vida em uma sociedade inclusiva (Mota, 2020).

Há diferenças e há igualdades. Então, como conclui Santos (2003),

> [...] temos o direito a ser iguais quando a diferença nos inferioriza, temos o direito a ser diferentes quando a igualdade nos descaracteriza [...]. Daí a necessidade de uma igualdade

> que reconheça as diferenças e de uma diferença que não produza, alimente ou reproduza desigualdades (p. 56).

A escola, então, precisa estar preparada para atender todas as necessidades decorrentes dessas diferenças e, no decorrer de novos processos que possam surgir no caminho, transformar-se continuamente e aprender com o que emerge.

### 2.3.4 Corpo, afeto e linguagem na experiência do/da estudante autista

Corpo, afeto e linguagem são três campos indissociáveis que perpassam toda experiência humana. Considerando que o corpo tem um lugar central na discussão sobre as relações intersubjetivas na escola e o/a aprendiz autista, esta seção assume características muito mais particulares. Embora extremamente relevante, até o momento não existe uma teoria formulada sobre essa temática e há, portanto, uma lacuna teórica para compreensão de tal discussão. Desse modo, esta seção foi construída com contribuições de Merleau-Ponty (1999) em diálogo com o contexto intersubjetivo, sendo importante destacar que o filósofo em questão não construiu uma teoria sobre autismo, nem na própria psicologia, mas tece contribuições importantes para nosso estudo sobre um corpo que pode produzir sentidos que questionam a realidade.

Toda nossa existência envolve questões psíquicas. Sendo a dimensão corporal também parte do psíquico, torna-se indispensável uma discussão sobre corpo, afeto e linguagem na experiência do/da estudante autista. Desde o nascimento, estamos imersos/imersas em um universo linguístico que antecede o uso da linguagem. Ao nascer, os bebês, que se encontram em processo de aprendizagem deste universo, aprendem "sobre a força das palavras muito antes de estarem aptos a entender o que elas querem dizer. Desde muito cedo, respondem com facilitação ou evitação, espontaneidade, imediatez ou reserva a estímulos que os afetam, vindos do ambiente ou de outras pessoas" (Bezerra, 2001, p. 25). É o momento que todos e todas vivenciamos que nos prepara para a aquisição da habilidade com palavras, aprendizado que compreende maneiras de reagir aos estímulos verbais.

O surgimento da linguagem traz um modo muito peculiar de relacionamento com a vida, o meio e os outros, algo que não aconteceria sem seu surgimento na constituição da experiência subjetiva. Nesse contexto, o corpo e o não linguístico exercem um papel fundamental na construção da experiência e no estudo das relações entre o ser humano e o mundo, sempre dentro de um determinado contexto e envolvendo uma perspectiva única. De acordo com Bezerra (2001),

> [...] tudo o que podemos saber da vida e do mundo depende de um *ponto de vista*, a partir do qual o mundo, a vida e o próprio observador se constituem como objetos de conhecimento. Esse ponto de vista é estruturado em função dos limites humanos (desde a estrutura sensório-perceptiva da espécie e seu acoplamento ao meio até os limites da imaginação teórica dos pensadores de um determinado momento histórico) (p. 16).

A leitura e as descrições que fazemos de uma realidade são sempre marcadas pelo contexto em que surgem diante de situações compartilhadas. Dissertar sobre os seres humanos agindo em contextos diversos envolve descrições compartilhadas do mundo e da experiência de estarmos nele. No espectro autista, as relações envolvendo a corporeidade, questões afetivas e a linguagem mostram-se bastante complexas, considerando que as áreas sensoriais e motoras são impactadas e que isso pode interferir diretamente na maneira como essa pessoa recebe/percebe as informações sensoriais do ambiente; no seu planejamento motor; na função executiva; na linguagem; na maneira de se perceber e de ser no mundo.

O modo como as pessoas se relacionam com o mundo se inicia pela percepção, pelos sentidos. Segundo a fenomenologia, tudo aquilo que aparece diante da consciência e se mostra é tratado como fenômeno. Surdi e Kunz (2009) destacam que "para a fenomenologia o que interessa não é o mundo que existe, mas sim, o modo como o conhecimento do mundo se dá e se realiza para cada pessoa" (p. 193). Neste campo, Merleau-Ponty (1999), filósofo fenomenólogo francês, destaca que é preciso enfatizar a experiência do corpo como campo criador de sentidos. Dessa forma, ao destacar a percepção, precisamos lembrar que esta envolve um acontecimento da corporeidade e não é apenas uma representação mentalista. Os movimentos acompanham nossa percepção diante do que vivenciamos no mundo e a noção de espaço só é possível junto à noção de corpo. O filósofo

> também se refere ao campo da subjetividade e da historicidade, ao mundo dos objetos culturais, das relações sociais, do diálogo, das tensões, das contradições e do amor como

> amálgama das experiências afetivas. Sob o sujeito encarnado, correlacionamos o corpo, o tempo, o outro, a afetividade, o mundo da cultura e das relações sociais (Nobrega, 2008, p. 142).

Ao considerar a abordagem fenomenológica de Merleau-Ponty, respeitamos os aspectos sensoriais e motores expressos na experiência corpórea, o que requer um olhar atento e minucioso sobre o desenvolvimento psicológico atípico, juntamente com outros elementos que também se mostram relevantes, como a linguagem e a afetividade. O corpo é onde toda a história do sujeito se inscreve, da criança, do jovem, do homem, da mulher, da pessoa com gênero não binário, pois é pelo corpo como um todo que se dá o fenômeno perceptivo próprio às apreensões da relação eu-outro-mundo. As vivências e recordações, guardadas consciente ou inconscientemente, preservam os momentos emocionalmente mais significativos. Recordações que são essencialmente sensório-motoras, "poderíamos, pois, acrescentar que a história de cada um de nós é, em resumo, a história da imagem do nosso corpo" (Fonseca, 2008, p. 123).

Nossa relação com o mundo é sempre construída pela corporeidade e sua percepção acontece sempre de maneira integrada em um processo complexo entre o corpo e o mundo. A percepção espacial é moldada pela maneira como o corpo se move e interage com o ambiente, ou seja, é mediada pela experiência do nosso corpo, na qual nossos movimentos e gestos contribuem para a construção do espaço percebido. Corpo e mundo estão interligados. É o corpo do sujeito que possibilita e molda a experiência direta e imediata do mundo ao redor e é na nossa experiência onde os objetos percebidos, as sensações e as informações sensoriais se encontram e interagem.

A comunicação corporal assume grande importância nas diversas situações sociais, desde um simples cumprimento entre duas pessoas até atitudes que expressam raiva, amizade, intolerância, controle etc., e mensagens silenciosas que também fazem parte de toda uma dinâmica afetiva; afinal, o silêncio também diz muito. É preciso pensar no conjunto de habilidades que exercemos no contexto cultural que criam uma forma única de nos relacionarmos com a experiência existente a partir da utilização de sons, gestos e movimentos com sentido. No que se refere ao espectro autista, algumas pessoas com desafios no planejamento motor podem ter dificuldades expressivas quando destacamos sua linguagem especificamente. Isso pode envolver questões oro-motoras, o que torna difícil para elas mover a língua e os músculos de sua boca para falar, limitando a expressão de pensamentos e desejos, por exemplo.

Especificamente em relação às questões afetivas, sentimentos complexos talvez sejam difíceis de demonstrar envolvendo expressões faciais, por exemplo, considerando que também envolvem movimentos musculares, sendo uma ação motora. Dessa forma, é possível afirmar que há impactos diretos nas relações intersubjetivas.

> O desafio, no que tange à relação com sujeitos com espectro autista, é a identificação. Do limiar entre o reconhecer suas manifestações corporais como um modo de ser, perceber e de se fazer no mundo e o intervir rumo a uma "culturalização" não autista, no entendimento de que esta é necessária. Afinal, as experiências do corpo próprio, do esquema corporal dinâmico, dependem do reconhecimento de sentir-se parte, porém, diferenciado, reconhecimento que põe o corpo em perspectiva (movimento, intenção) para a busca de interações (Freitas, 2018, p. 477).

Quando abordamos a experiência do/da estudante autista, temos uma corporeidade que o tempo todo tenciona e interpela esses sentidos preestabelecidos na escola. Esse corpo que desarticula uma estrutura e, por esse fator, exige inventividade prática para compreensão da trajetória subjetiva de cada pessoa, mesmo quando as relações entre corpo, afeto e linguagem se mostram tão intrigantes quando falamos do espectro autista.

> Se o desafio do "estranho", da não comunicabilidade está posto, cabe aos não autistas o aprendizado de outra(s) forma(s) de interação e percepção de mundo, provavelmente ainda não supostas.
>
> O estranhamento começa a se dissipar à medida que se estabelece uma comunicação, nem sempre sob a forma de um código formal, mas, antes de tudo, a comunicação-empatia, o estabelecimento de situações (campos de sentido) que se façam comunicantes pela sensibilidade que provocam, pelo acolhimento e incentivo a experiências que ganhem sentido para os sujeitos (Freitas, 2018, p. 488).

As trocas comunicativas entre seres humanos envolvem essencialmente uma linguagem corporal. Os jogos linguísticos são um modo de lidar com o mundo e os outros a partir do próprio corpo, é o que permite o surgimento de novas experiências. Portanto, as atividades linguísticas só podem ser efetivamente compreendidas quando observadas em sua função nos contextos em que emergem. Assim, é algo indispensável observar, perceber e compreender as diversas concepções sobre o papel do corpo, dos afetos e da linguagem na subjetividade de cada um/uma e nas relações intersubjetivas. Dessa forma, Bezerra (2001) define enquanto experiência subjetiva

> [...] afetos, estranhezas, êxtases, compulsões, impulsos e deleites que muitas vezes não se consegue descrever inteiramente em palavras ou frases; há, enfim, toda a variada gama de expressões da vida que indiscutivelmente caracterizam aquilo que chamamos de experiência subjetiva. Essas experiências não-verbais, ou essas dimensões não-verbais da experiência, estão presentes na vida de um ser humano desde o início, e não deixam de existir mesmo depois da implantação da linguagem, acompanhando o sujeito por toda sua existência. A maneira como vivenciamos as situações é colorida por elas... (p. 31).

A questão central de toda ação humana deve ser a transformação de experiências nesse caminho. Ampliar nosso olhar nessa direção nos possibilita uma compreensão mais holística a respeito da experiência do/da aprendiz autista na escola, considerando que o conhecimento é construído apenas nas relações estabelecidas entre o corpo, os outros e o meio. Esse mesmo conhecimento é constituído a partir de ações psíquicas, que também são corporais, e orientado pelo sentir uma determinada realidade na qual "o mundo não pode ser entendido como separado da capacidade sensório-motora dos organismos que vivem nele" (Czermak, 2001, p. 305).

As pessoas estão conectadas ao mundo, elas o interpretam e lhe atribuem significados constantemente a partir do modo como organizam seu dia a dia e vivenciam experiências que lhe são significativas. Conhecer o modo único como as pessoas autistas organizam suas experiências no mundo nos ajuda a perceber sua subjetividade através de seus gestos, sons, movimentos e formas de expressão, considerando a intencionalidade de um corpo que se expressa. Desse modo, cabe destacar a relevância desta discussão tendo em vista o atual contexto inclusivo, que desvela a necessidade de olharmos atentamente para as pessoas autistas na escola com a finalidade de evidenciar possibilidades significativas de desenvolvimento e aprendizagem.

3

# PERCURSO DA PESQUISA

## 3.1 JUSTIFICATIVA DA ABORDAGEM METODOLÓGICA

O fenômeno investigado nos levou a optar pela abordagem metodológica de natureza qualitativa, que segundo Bogdan e Biklen (1994) possui cinco características:

> [...] a fonte direta de dados é o ambiente natural, constituindo o investigador o instrumento principal; é descritiva; interessa-se mais pelos processos do que simplesmente pelos resultados ou produtos; tende a analisar os dados de forma indutiva e tem no significado uma importância vital (p. 47).

Embora possam trazer informações relevantes, os aspectos quantitativos não podem dar conta da natureza processual das questões almejadas nesta obra. A pesquisa qualitativa preocupa-se com os fenômenos de modo que os fatos não são desprezados, mas a natureza de suas questões projeta-se sobre o campo singular da experiência, sobre seus processos e dinâmicas situadas na relação espaço-temporal. Dessa forma, realizamos um estudo de caso que, segundo Rampazzo (2008, p. 85), "trata-se de uma categoria de pesquisa cujo objetivo é uma unidade que se analisa profundamente". Consideramos o destaque quanto à profundidade do estudo coerente quando compreendemos que o método quantitativo, embora traga contribuições significativas, não seria apropriado para respondermos as questões aqui destacadas, pois partimos do pressuposto da singularidade da condição de cada pessoa autista.

Nesse contexto qualitativo, e em concordância com o estudo de caso, consideramos que a perspectiva idiográfica, que está associada a um caráter individual e a um fenômeno único (Rondel, 2002), foi a mais apropriada para nosso estudo. De acordo com essa perspectiva, todos/todas têm particularidades, sendo assim, a unicidade da experiência é o que nos permite acessar dimensões coletivas e culturais sem as quais não se pode pensar no singular. Considerando que nós nos constituímos na interação entre sujeito e cultura, toda subjetividade, por mais singular que seja, nos permite construir dimensões das trocas de uma determinada cultura.

De acordo com Valsiner (2016), o que é único de cada ser humano é gerado por um mecanismo geral que opera em cada pessoa e garante o seu desenvolvimento. A singularidade é organizada, a partir de leis gerais, assim sendo, todo processo de generalização é uma inferência sobre determinado grupo. Nesse aspecto, a perspectiva idiográfica junto ao estudo de caso nos mostra que o melhor caminho para conhecermos profundamente uma realidade é realizar uma investigação detalhada para uma compreensão subjetiva do fenômeno investigado. A dinâmica singular foi estudada como via de acesso ao generalizável, pois entendemos que o estudo da singularidade de modo profundo nos leva a uma compreensão ampla e nos induz rumo ao que seria geral. De acordo com Vigotski (2007), o desenvolvimento psicológico dos seres humanos é parte do desenvolvimento histórico-cultural de nossa espécie e assim deve ser entendido. Desse modo, para compreensão dos processos psicológicos superiores de um determinado grupo, é necessária uma investigação aprofundada sobre universos singulares e históricos-concretos.

Consideramos que a natureza das nossas questões requer esse caminho. Dessa forma, tal estratégia metodológica nos permitiu uma maior profundidade no trato com a realidade analisada. Foi, portanto, a que mais se aproximou das questões aqui propostas, porque as relações intersubjetivas para as pessoas autistas, por acontecerem de modo singular, merecem ser investigadas minuciosamente, bem como a contribuição para o contexto escolar. Além disso, o estudo de caso e a perspectiva idiográfica nos permitiram realizar uma análise detalhada, favorecendo uma maior compreensão do processo observado.

## 3.2 PARTICIPANTES E CAMPO DE INVESTIGAÇÃO

Para compor o universo da pesquisa realizada neste livro, os/as participantes foram: um adolescente autista de 16 anos, seu mediador no contexto escolar, sua mãe, seu pai, seu irmão e sua colega de classe. A escolha do participante central, o adolescente, se deu considerando o vínculo de confiança existente com a pesquisadora; os/as demais participantes estiveram presentes por fazerem parte do cenário do estudo. Com a finalidade de preservar as identidades pessoais dos/das participantes, seus nomes foram substituídos por nomes fictícios, bem como preservada a identidade da escola onde o estudo foi realizado.

Quadro 1 – Apresentação dos/das participantes da pesquisa

| PARTICIPANTE | RELAÇÃO COM O ADOLESCENTE | IDADE | INFORMAÇÕES |
|---|---|---|---|
| BERNARDO | - | 16 anos | Teve diagnóstico de Transtorno do Espectro do Autismo (TEA) desde 1 ano e 10 meses; era estudante do 9.º ano B; estudava na escola há nove anos. |
| ADRIANA | Mãe | 48 anos | Médica; Bernardo foi seu primeiro filho e Edu foi seu segundo filho. |
| BERNARDO | Pai | 60 anos | Médico; Bernardo foi seu terceiro filho e Edu foi seu quarto filho. |
| EDU | Irmão | 15 anos | Era estudante do 9.º ano A; sempre estudou nas mesmas escolas que o irmão, mas em séries diferentes. |
| MURILO | Mediador | 26 anos | Pedagogo, com especialização em Educação Especial e Psicopedagogia; trabalhava há sete anos com pessoas autistas; há seis meses acompanhava o adolescente. |
| CAMILA | Colega de classe | 15 anos | Era estudante do 9.º ano B; estudava há dez anos na escola e com Bernardo há dois anos. |

Fonte: a autora

Desde criança, especificamente dos 4 anos de idade, o adolescente foi acompanhado pela pesquisadora, inicialmente com mediação no contexto escolar e em seguida no contexto psicopedagógico, com atendimentos individuais e em grupo. Isso possibilitou a construção de uma relação segura e confiada, fundamental no contexto relacional, pois, para que a intersubjetividade ocorra, é necessário estar aberto ao outro. Durante o período da pesquisa, o adolescente estava matriculado no 9.º ano de uma escola particular da cidade do Recife e no contraturno frequentava o espaço transdisciplinar, onde vivenciava diversas atividades terapêuticas.

O principal aspecto que nos fez optar por realizar uma investigação envolvendo as relações intersubjetivas no contexto escolar do adolescente, compreendendo as relações afetivo-cognitivas e de confiança que o mesmo tinha, foi considerar que a intersubjetividade é um estado de aposta em que o outro possa me entender, confiando e sustentando as diferenças existentes, pois sem confiança não há uma abertura para o outro. Dessa forma, considerando os desafios nas áreas sociocomunicacionais próprios da condição do autismo, apostamos que o melhor caminho para construir uma compreensão profunda a respeito de uma dada realidade, foi validar o vínculo com o adolescente como facilitador desse processo e, também, da compreensão dos significados singulares dados por ele às suas vivências.

No contexto da pesquisa, a atenção da pesquisadora esteve focada no que emergiu nas interações e situações dialógicas, porém, faz-se importante apresentar resumidamente aspectos do perfil individual do adolescente para favorecer uma maior compreensão acerca do nosso participante central, conforme o quadro a seguir:

Quadro 2 – Características únicas do adolescente

| BERNARDO – 16 ANOS | | | |
|---|---|---|---|
| **INTERESSES** | **HABILIDADES** | **VULNERABILIDADES** | **QUESTÕES SENSORIAIS NA ESCOLA** |
| Formas, cores, datas comemorativas, carros, lugares, futebol, música e tecnologia. | Memorização, percepção visuoespacial, organização do ambiente, seguir rotinas, atividades práticas e uso de ferramentas tecnológicas. | Flexibilidade, comunicação, interação, pensamento simbólico e conexão entre ideias. | Demonstrava desconforto com sons altos, repentinos e muitos estímulos auditivos no ambiente (frequentemente usava bloqueador auditivo); o uso de imagens (visual), favorecia sua compreensão. |
| **QUESTÕES MOTORAS NA ESCOLA** | **COMUNICAÇÃO** | **INTERAÇÃO** | **SUPORTE NAS ATIVIDADES ESCOLARES** |
| Desafios com a motricidade ampla (apresentava movimentos bruscos) e fina. Contudo, conseguia realizar atividades de escrita com uso dos diversos materiais de modo independente. | Utilizava o corpo, gestos e fala para se comunicar, porém, demonstrava dificuldade para: 1) expressar-se de modo mais elaborado (comunicação complexa); 2) compreender em contexto dialógico que envolvia ideias mais complexas; 3) comunicar sobre sentimentos e emoções; 4) estabelecer conversação. | Quando não tinha vínculo afetivo estabelecido, demonstrava dificuldade para iniciar a interação. A relação de confiança era um fator muito significativo no modo como interagia com o outro. Apresentava desafios para manter a troca interacional, necessitando de apoio. | Necessitava de suporte na maior parte dos momentos, especialmente nos que envolviam situações sociocomunicacionais. Demonstrava compreensão de sua rotina e facilidade para segui-la. Durante a realização de atividades, considerando a complexidade do que lhe era solicitado, precisava de suporte algumas vezes. Era necessário garantir acessibilidade curricular, de modo que o currículo fosse flexível e adequado às necessidades do estudante (conteúdo, metodologia, objetivos, atividades e avaliação). |

Fonte: a autora

Em relação ao momento do desenvolvimento da pessoa autista, a adolescência foi escolhida principalmente pelo fato da maioria das pesquisas e investigações realizadas com pessoas autistas serem com foco na infância. Dessa forma, o presente livro apresenta resultados de uma investigação realizada com um adolescente autista, considerando que o adolescer compreende o momento em que as pessoas se encontram com suas competências expressivas mais formadas e com mais autonomia. Assim, investimos na construção junto com o participante central, por reconhecermos que sua fase desenvolvimental encontra-se mais adaptada aos contextos de trocas sociocomunicacionais e com mais possibilidades para dividir aspectos próprios referentes a sua compreensão eu-outro-mundo.

O campo onde a investigação aconteceu foi uma escola regular, onde o adolescente frequentava aulas diariamente na turma de 9.º ano no turno da tarde. A instituição era privada, atendia um público classe-média-alta e ficava localizada na cidade do Recife, no estado de Pernambuco, local onde o adolescente estudava há nove anos. A escola existia há mais de três décadas e tinha uma abordagem socioconstrutivista, com um trabalho destinado para educação infantil, ensino fundamental I e II. Na proposta educacional da instituição, existia um olhar para a diversidade e educação inclusiva, norteado pela premissa que a aprendizagem e o desenvolvimento emergem a partir da interação social.

Especificamente para o momento da entrevista com o adolescente, faz-se importante destacar que foi realizada no espaço transdisciplinar que este frequentava no contraturno, uma instituição privada que também ficava localizada na cidade do Recife, considerando que a pesquisadora realizava atendimentos psicopedagógicos com o adolescente e ele se sentia confortável no ambiente. Ao pensarmos na construção dos dados, buscamos conhecer e considerar a rotina do adolescente e seu bem-estar, respeitando atividades e ambientes onde demonstrava familiaridade e conforto, aspecto que se mostrou relevante.

### 3.3 INSTRUMENTOS E PROCEDIMENTOS

A pesquisa realizada neste livro foi submetida ao Comitê de Ética da Universidade Federal de Pernambuco (UFPE) para análise dos aspectos éticos atrelados ao estudo. Após a autorização para iniciarmos, as etapas descritas foram postas em prática. Neste subitem, destacamos a sequência de procedimentos e os instrumentos utilizados por considerarmos que a compreensão sobre como cada etapa aconteceu está conectada aos instrumentos que utilizamos. Apresentamo-las seguindo a ordem cronológica sobre como estas etapas aconteceram no decorrer da construção de dados e o tipo de instrumento que utilizamos para alcançar os objetivos propostos, sempre visando a construção de uma compreensão global a respeito da obra.

Em relação aos procedimentos, inicialmente realizamos uma *autoetnografia virtual com o adolescente,* na qual ele construiu diariamente um relato digitado sobre o seu dia e nos enviou por e-mail pelo período de 19 dias. Foi solicitado que enviasse pelo período de duas semanas, porém após esse período ele ainda mandou por alguns dias e resolvemos incluir todos os e-mails na análise de dados. A opção pela escrita/digitação ao invés da fala nesta etapa inicial se deu por ser o meio pelo qual o adolescente tem preferência e mais facilidade para comunicar. Solicitamos que compartilhasse o texto por e-mail, considerando o domínio da ferramenta pelo adolescente.

Nessa etapa da etnografia, que é entendida como um procedimento sistemático (Barrera, 2016), buscamos realizar um estudo autoetnográfico, que de acordo com Ellis (2004), tem como proposta principal analisar a experiência pessoal, com a finalidade de compreender a experiência cultural do sujeito. O objetivo principal foi a compreensão da subjetividade dos fenômenos sociais do seu cotidiano, sendo fundamental para nós conhecer seus hábitos, vida e adentrar em suas experiências diárias por sua perspectiva, pelo que considera significativo. Nesse momento, desejávamos conhecer o cotidiano singular do participante e a dinâmica singular de suas vivências através da perspectiva dele, em primeira pessoa, pois consideramos que em uma pesquisa sobre singularidade é importante conhecer a pessoa, independente do diagnóstico, e o que ela traz de significativo frente às suas vivências. Logo, os instrumentos que utilizamos para alcançar tal objetivo nesse momento foram textos auto-narrativos do cotidiano.

Em seguida, foi realizada uma entrevista com o adolescente, registrada em áudio e literalmente transcrita, na qual estavam presentes apenas ele e a pesquisadora. Capturar a perspectiva do adolescente foi nosso objetivo central, assim como acessar seu discurso oral e o que considera significativo em primeira pessoa sobre as relações e os contextos sociais nos quais circula.

Após esse momento, considerando aspectos relevantes que emergiram em seus diários e na entrevista, buscamos observar o adolescente no contexto escolar. Nessa etapa, utilizamos a gravação de vídeo e o diário de campo para registro, sendo duas aulas (matemática e geografia) videogravadas e uma aula (artes) e o intervalo observados e registrados com uso do diário de campo. De acordo com os diários autoetnográficos e a entrevista, conforme será apresentado mais detalhadamente adiante, foi possível identificar as preferências do estudante em relação às disciplinas do contexto escolar; esse fator definiu a escolha por essas aulas. Diante do horário do adolescente, sua participação na disciplina de artes acontecia em outra turma, o que impossibilitou a videogravação nessa aula por conta das autorizações dos/das demais estudantes, assim como no intervalo, por envolver aprendizes de toda escola.

Nas aulas videogravadas, a pesquisadora esteve presente utilizando duas câmeras (de contexto e subjetiva) para construção dos registros. A *câmera de contexto* esteve fixada com uso de um tripé junto à pesquisadora, com foco central no adolescente, registrando as pessoas e o cenário da sala de aula. A *câmera subjetiva* esteve fixada com um suporte na testa do estudante, fornecendo-nos uma imagem a partir do direcionamento do seu corpo e dos movimentos de sua cabeça, conforme o direcionamento do seu olhar.

Nessa etapa videográfica, a pesquisadora buscou capturar de forma naturalista e espontânea o cotidiano de atividades educacionais do adolescente na escola, entrando em contato com os/as participantes da pesquisa sem integrar-se a ele, permanecendo de fora, mas compreendendo que sua presença no espaço poderia provocar alterações na arquitetura afetiva do ambiente. Durante o momento da observação, a pesquisadora esteve presente no manejo e organização da câmera de contexto que estava em um tripé e utilizou o diário de campo para registro. O adolescente foi observado no contexto natural do cotidiano escolar em momentos de interação com o mediador, as professoras e demais estudantes.

De acordo com Lakatos e Marconi (2009, p. 192), a observação "é uma técnica de coleta de dados para conseguir informações e utiliza os sentidos na obtenção de determinados aspectos da realidade. Não consiste apenas em ver e ouvir, mas também em examinar fatos ou fenômenos que se desejam estudar". Registros de vídeos são úteis para extrair informações detalhadas, além de aproximar quem pesquisa dos eventos reais mais que a realização de perguntas aos sujeitos.

> O vídeo registra eventos sociais como eles ocorrem e com um nível de detalhe que é inatingível para os métodos que dependem de reconstrução [...] a fixação audiovisual mecânica de um evento, produz dados muito mais próximo do evento em si do que outros tipos de representação (Jordan; Source, 1995, p. 51).

Então, uma das razões para confiar nessa tecnologia como a forma mais adequada de construirmos os dados é a permanência do registro primário em toda a sua riqueza. Isso possibilita um número ilimitado de visões e audições. Além disso, um vídeo pode ser reproduzido em câmera lenta ou em modo acelerado, expondo assim os padrões de outra forma invisíveis nos movimentos de pessoas ou artefatos.

De acordo com Knoblauch (2012), o vídeo é muitas vezes utilizado a fim de analisar a interação social dentro da moldura de experiências. É o estudo da interação social em suas configurações naturais. Por cenários naturais entende-se que, em geral, quem pesquisa não tenta criar as situações que estuda, mas busca gravar interações onde e como acontecem naturalmente, sem intervenção.

Além disso, o recurso da videogravação permite também olhar para detalhes da interação considerando as contribuições de diferentes interlocutores, uma vez que permite que a mesma situação seja vista diversas vezes, cada vez podendo ter como foco uma das pessoas participantes da interação, o que é muito comum no contexto escolar. Isso permite uma melhor compreensão de todo o cenário, bem como do detalhamento da contribuição de cada pessoa para a interação. Acreditamos que toda ação é única, na irreversibilidade do tempo, nos confrontos e tensões que podem existir em cada troca dialógica. Dessa forma, cada troca possibilita um descentramento do sujeito do campo do hábito e uma análise das interações e diálogos existentes, o que nos permitiu acessar como a dança intersubjetiva é construída com o adolescente autista na escola.

As gravações de vídeo foram utilizadas com o objetivo de produzir registros que pudessem ser tomados como fonte para investigações mais minuciosas e compreensão do fenômeno. Segundo Loizos (2008, p. 149), o registro em vídeo torna-se necessário "sempre que algum conjunto de ações humanas é complexo e difícil de ser descrito compreensivamente por um único observador, enquanto este se desenrola", apontando como exemplos a hora de ensino em situações de aprendizagem. Nessa conjuntura, Sadalla e Larocca (2004), destacam que a gravação de vídeo também é apropriada para estudar fenômenos complexos como contextos escolares que sofre simultaneamente diversas interferências de múltiplas variáveis. Para elas, "a videogravação permite registrar, até mesmo, acontecimentos fugazes e não-repetíveis que muito provavelmente escapariam a uma observação direta" (p. 423).

Os momentos de interação do adolescente na escola foram videogravados durante duas aulas, sendo registrada apenas a observação em outra e durante dois intervalos. Após as observações e gravações, a entrevista semiestruturada foi o recurso utilizado com o mediador, uma colega de classe, sua mãe, seu pai e seu irmão, a fim de compreender suas perspectivas na relação com o adolescente. Segundo Bogdan e Biklen (1994), a entrevista semiestruturada permite que a pessoa pesquisadora obtenha dados relevantes entre os vários sujeitos, podendo ela ser utilizada após o trabalho de investigação. Estas devem seguir um roteiro básico, mas flexível, com o objetivo de orientar a abordagem dos principais tópicos da pesquisa.

Considerando que nosso problema de pesquisa é centrado na dinâmica intersubjetiva no contexto escolar, conhecer o modo como os/as participantes significam as relações estabelecidas é um aspecto bastante importante. Com a utilização de mais de um instrumento e etapas do procedimento, a pesquisadora conseguiu ter acesso a conteúdos diversos, o que nos forneceu informações significativas de diferentes perspectivas.

Por fim, o adolescente encontra-se na posição de centralidade nesta obra, pois compreender a vivência da pessoa autista a partir de sua própria perspectiva nos possibilita um olhar ainda mais amplo e rico. Em suma, foram 12 encontros presenciais, sendo dois para o contato inicial com os/as participantes da pesquisa e o campo de investigação, com a finalidade de explicitar a pesquisa, objetivos e informações em geral; cinco para a construção dos registros no contexto escolar; um para a realização da entrevista semiestruturada com o adolescente; um com o mediador e a colega de classe; um para a realização da entrevista com a mãe; um para realização da entrevista com o pai; e um para realização da entrevista com o irmão. Além desses encontros, existiram 19 momentos de troca on-line, nos quais o adolescente enviou relatos de suas vivências diárias. Resumidamente, os instrumentos utilizados na construção dos dados foram: observação, gravação de vídeo, gravação de áudio, entrevista semiestruturada e textos. Como explicitado, tais instrumentos foram utilizados em etapas distintas.

Destaca-se, assim, que a investigação envolveu o adolescente participante, o mediador envolvido diretamente com o estudante, uma colega de classe, sua mãe, seu pai e seu irmão, com um olhar direcionado para o adolescente como agentividade única, singular, no processo de construção de sentidos sobre a tríade eu-outro-mundo. Com a finalidade de melhor ilustrar o que foi exposto, apresentamos o quadro a seguir com a síntese de cada etapa metodológica.

Quadro 3 – Síntese dos procedimentos metodológicos

| | ETAPAS | FINALIDADE | INSTRUMENTOS |
|---|---|---|---|
| 1 | Relatos do adolescente sobre vivências do seu dia em texto digitado. O material foi compartilhado com a pesquisadora por e-mail (texto), pelo período de 19 dias. | Compreender a subjetividade dos fenômenos sociais do seu cotidiano. | Computador. |
| 2 | Entrevista semiestruturada com o adolescente. | Compreender seus interesses, como perspectiva a escola e as relações eu-outro-mundo a partir de seu discurso oral. | Gravador. |
| 3 | Observação e videogravação do adolescente na escola durante aulas e intervalos. | Conhecer, no contexto escolar, como as trocas intersubjetivas são coconstruídas na relação entre o adolescente e as outridades. | Duas câmeras de vídeo, tripé, suporte para posicionamento da câmera na cabeça do adolescente e diário de campo. |
| 4 | Entrevista semiestruturada com o mediador, a colega de classe, o irmão, a mãe e o pai. | Conhecer como as outridades perspectivam as trocas com o adolescente. | Gravador. |

Fonte: a autora

Com a finalidade de facilitar a compreensão entre as etapas e os objetivos específicos da pesquisa, segue o diagrama que ilustra nosso percurso:

Diagrama 1 – Fases da pesquisa de campo e objetivos específicos

Fonte: a autora

## 3.4 PROPOSTA DE ANÁLISE DE DADOS

Para realização da análise, buscamos estudar a relação investigada como um processo em movimento, e não como objeto, reconhecendo as relações dinâmicas, abertas e sistêmicas existentes no contexto intersubjetivo. Acreditamos que o desenvolvimento humano é um processo dialógico complexo e, sendo assim, a análise foi de natureza dialógica e interacional, destacando as principais outridades existentes no discurso, conflitos e tensões. Nossas principais unidades de análise foram as tensões comunicativas e coconstruções de significados emergentes nas relações intersubjetivas, que envolvem duas ou mais pessoas em interação.

Na Análise Dialógica, não observamos o enunciado isoladamente. Ao invés disso, olhamos para a rede de relações. Buscamos observar minuciosamente os elementos do enunciado e do discurso para desenvolver possíveis relações considerando que os conceitos não são construídos unicamente pelo sujeito de modo isolado, mas em um contexto cultural. Nesse cenário, Brait destaca que a

> [...] pertinência de uma perspectiva dialógica se dá pela análise das especificidades discursivas constitutivas de situações em que a linguagem e determinadas atividades se interpenetram e se interdefinem e do compromisso ético do pesquisador com o objeto que, dessa perspectiva, é um sujeito histórico (Brait, 2006, p. 61).

De acordo com o posicionamento teórico adotado nesta pesquisa, que reconhece as dimensões cultural, histórica, dialógica e semiótica das funções psicológicas humanas, neste livro estamos diante de um sujeito ativo e dotado de voz. Buscamos analisar esta obra considerando a dimensão social e dialógica, na qual os sentidos são criados na interlocução e dependem da situação vivenciada pelos sujeitos em interação. Considerando que lidávamos com um adolescente que apresentava desafios sociocomunicacionais (o que limitava as interações que envolviam a fala) a observação e videogravação da interação no contexto escolar tiveram como objetivo principal considerar seus gestos, expressões, movimentos etc.

Para analisar os dados, também utilizamos a Análise Interacional, que, de acordo com Jordan e Source (1995), é um método de investigação empírica da interação do sujeito com os outros e com os artefatos materiais em seu ambiente, que "investiga as atividades humanas, como a conversa, a interação não-verbal e o uso de artefatos e tecnologias, identificando práticas e problemas de rotina e os recursos para sua solução" (p. 39). Ainda segundo os autores, a Análise de Interação encontra seus dados básicos nos detalhes de interações sociais no tempo e no espaço e, em particular, nos que ocorrem naturalmente, como por exemplo nas interações diárias entre membros de determinada comunidade. Seu objetivo principal consiste em identificar regularidades nas formas em que os/as participantes utilizam os recursos do mundo social e material.

Nesse tipo de análise, é possível observar o discurso dos/das participantes, olhar, fala, mudanças na posição do corpo, gestos, forma como manipulam objetos, processamento de documentos e de uso de certas tecnologias. Uma transcrição que não contém informações sobre as pausas na conversa, no olhar, ou mudanças na posição do corpo, obviamente, não pode suportar uma análise em que esses elementos desempenham um papel. "Na interação, um conjunto de elementos – espaço físico, objetos, adereços, e também gestos, posturas, sons, palavras – são apropriados pelos indivíduos que lhes emprestam a si mesmos significados atualizados" (Oliveira; Rossetti-Ferreira, 1988, p. 199). Nessa conjuntura, nas videogravações foi possível observar o contexto sociocultural e dialógico, linguagem, uso de ferramentas, ações dos sujeitos e significações atribuídas a todos esses elementos pelas pessoas. Com base nisso, com esta análise buscamos:

1. Caracterizar dimensões do corpo, do afeto e da linguagem atuantes nas relações intersubjetivas do adolescente autista;
2. Descrever como as outridades significativas (pai, mãe, mediador, irmão e colega de classe) compreendem as trocas estabelecidas com o adolescente;
3. Analisar, no contexto escolar, como as trocas intersubjetivas são coconstruídas na relação entre o adolescente e as outridades;
4. Explorar como o adolescente significa as relações eu-outro--mundo e o contexto escolar.

A tecnologia de vídeo foi o principal recurso utilizado para registros na Análise Interacional e Dialógica. Para além da interação que analisamos, focamos na dinâmica dialógica, que compõe a arquitetura dos elementos investigados. Van der Veer e Valsiner (1991) destacam que todas as pessoas envolvidas no discurso social coconstroem ideias de maneira conjunta;

nesse processo as pessoas que interagem podem usar conceitos, ajustar os significados, rejeitar ou integrar novas ideias ao seu *self*. Desse modo, não podemos conhecer o sujeito fora do enunciado que ele produz. Essas são reflexões sobre as ciências humanas que colocam o discurso no centro da investigação sobre seres humanos. No âmbito dialógico e de construção da subjetividade humana, nós nos deparamos com as relações intersubjetivas que estão no centro dos processos de construção, manutenção e transformação do nosso eu.

A análise interacional foi de orientação dialógica, pois o dialogismo é a chave epistemológica que impacta na maneira como lemos as interações. Desse modo, o dialogismo acrescenta à análise interacional as tensões, negociações e a aposta que o outro é capaz de me entender. Nosso foco foram os tensionamentos que acontecem no campo interacional, sendo as principais unidades de análise do estudo as tensões comunicativas e negociações. Nossa análise teve um olhar para interação como o que lança luz sobre a construção da dinâmica intersubjetiva.

A análise qualitativa de contextos escolares exige o exame de transformações relativamente sutis nas relações entre ações (discursivas e gestuais) e a estrutura de situações especificas. Dessa forma, a videogravação nos possibilita um modelo de construção e análise de dados que permite uma interpretação robusta e consistente dos mecanismos psicológicos subjacentes à atividade humana (Meira, 1994).

Assim, entendemos que a análise interacional e dialógica, junto ao estudo de caso com a perspectiva idiográfica e a análise das entrevistas e textos construídos pelo adolescente autista, favoreceu a compreensão das relações intersubjetivas no contexto escolar, facilitando assim uma explicitação dinâmica do funcionamento desse fenômeno, pois o foco da investigação não foi o adolescente visto isoladamente, mas sim a relação dinâmica entre ele e outras pessoas que compartilham a interação, bem como a influência de participantes com mais experiência nesse processo. Consideramos que a análise videográfica das interações em contexto espontâneo nos possibilitou também investigar de que forma as pessoas no diálogo contribuem ou não para uma melhor qualidade na interação a partir do seu comportamento, considerando que se influenciam mutuamente.

# 4

# ANÁLISE E DISCUSSÃO DOS RESULTADOS

## 4.1 DIÁRIOS AUTOETNOGRÁFICOS DO COTIDIANO DO ADOLESCENTE

Esta síntese interpretativa de natureza dialógica tem como objetivo principal conhecer a pessoa participante a partir de sua perspectiva. Para tal, buscamos fazer uma imersão nos diários autoetnográficos do cotidiano do adolescente, uma pessoa com um leque de relações e vivências que perpassavam de forma persuasiva seu cotidiano escolar. Nesse contexto, buscamos acessar a subjetividade da pessoa, com um interesse específico na construção das relações, assim como o modo como ele elaborava sua arquitetura relacional, trazia os *outros* nos enunciados e representava sua experiência pessoal cotidiana.

Com um olhar para as relações, desejamos compreender *quem* e *quais* outridades emergiam nesses enunciados, realizando uma leitura dialógica que estava interessada nas relações de tensão, de diferenciação e de aproximação do outro, de nebulosidade e aparente indiferenciação, que sua escrita nos permitiram acessar. Nesse contexto, a intersubjetividade, enquanto aspecto central deste livro, implicada na relação eu-outro-mundo e enquanto compartilhamento de significados entre pessoas, nos possibilitou uma compreensão mais ampla a partir de significados emergentes.

Para construção dos diários, a autora e pesquisadora comunicou ao adolescente "Preciso que você me envie antes de dormir um e-mail me dizendo como foi o seu dia, você pode dizer o que quiser". Dessa forma, destacamos a síntese de uma *autoetnografia virtual com um adolescente autista* que faz uma fotografia muito interessante de sua experiência no mundo. Além do solicitado, foi explicado ao adolescente que isso seria necessário apenas por duas semanas, contudo, após concluir esse período, ele enviou os relatos por mais alguns dias, totalizando 19 e-mails sobre o seu dia, iniciando no domingo (22/5/22) e finalizando na quinta-feira (9/6/22). É importante destacar que o adolescente esteve ausente do espaço escolar do dia 23/5/22 (segunda-feira) ao dia 26/5/22 (quinta-feira) e foi para escola a partir do dia 27/5/22 (sexta-feira). Após os recortes de seus enunciados apresentados a seguir, com a finalidade de situar a leitura temporalmente, especificamos entre parênteses o dia. A partir de seus textos, foi possível perceber alguns aspectos de sua singularidade que nos mostram como Bernardo percebia o mundo, a imagem de si, suas relações, outridades e como significava o espaço escolar.

Destacamos um tipo de produção enunciativa marcada por uma profunda singularidade, com dimensões poéticas. Sendo importante ressaltar que na construção dos textos, havia um endereçamento que marcava seus escritos e, nesse sentido, tornou-se fundamental enfatizar a relação de confiança e o vínculo afetivo existente entre o adolescente e a pesquisadora, construído ao longo de 12 anos. Em diversos momentos, a pesquisadora foi citada em seus diários, especificamente em 17 vezes, sendo o segundo nome que mais apareceu. Dessa forma, a posição da pesquisadora na vida do adolescente fez muita diferença quanto às informações contidas nos diários, pois sua produção foi destinada a alguém com quem se relacionava e compartilhava suas vivências há bastante tempo, sendo um fator importante na motivação para construção dos diários o desejo em dividir com o outro as informações ali contidas.

De modo geral, os textos se caracterizam como narrativas que envolvem relatos do que vivenciava no cotidiano e nos mostram um padrão, com ideias repetidas ao narrar situações semelhantes. Como característica central de sua percepção do mundo ao redor, o adolescente destacou *cores* e *formas* como elementos que se sobressaiam em tudo que vê, como por exemplo “jantei ovo tem o formato de 1 oval, banana tem o formato de 1 lua, pão assado tem a cor bege, feijão tem a cor marrom, morango tem a cor vermelho e bebi água tem a cor azul” (8). É possível destacar a repetição da mesma ideia sempre que contava uma situação que se repetia durante o cotidiano, sem haver uma atenção específica para as nuances de cada dia, havendo um foco maior na regularidade da rotina. Ao destacar o momento em que acordava, a hora do almoço ou a ida para escola, sempre narrava do mesmo jeito, destacando formas, cores e realizando as mesmas associações.

A imagem de si que os relatos de Bernardo trazem nos mostra que em alguns momentos ele se coloca enquanto *eu* (referindo-se a si mesmo na primeira pessoa) e em outros enquanto *Bernardo* (referindo-se a si mesmo na terceira pessoa). Um exemplo a ser destacado é o relato do projeto do qual participava, quando um dia ele disse "fui para o Projeto *[nome do lugar]* encontrei Bernardo, João, Caio, Helen Wanessa, Bia Carneiro, Carlinhos e Felipe" (23); em outro dia destacou "fui para o Projeto *[nome do lugar]* encontrei Bia Carneiro, Juliana, Carlinhos, João, Thiago, Helen, Bia Carneiro, Poliana, Felipe, Carla, Amanda Uber e Aline" (26), incluindo seu *eu* a partir do verbo que utilizou e não citando seu nome, mostrando-nos uma ambiguidade em sua narrativa.

Da mesma forma que percebemos a utilização dos pronomes no relato de modo ambíguo, a conjugação dos verbos também é outro aspecto que merece destaque, pois na maioria das vezes esta aconteceu na primeira pessoa para relatar suas vivências: "fui para a Farmárcia comprei o remédio para botar no nariz" (22), mas em alguns momentos (poucos) o verbo foi utilizado na terceira pessoa: "digitou sobre o meu dia" (24).

Em relação ao uso do verbo, consideramos importante destacar que, em alguns momentos, Bernardo pareceu trazer falas de outras pessoas que se dirigiram a ele em seu texto, expondo o que ouviu e realizou ao mesmo tempo. No trecho "sente aqui para pintar e celular que tem as pessoas" (22), acreditamos que ele pode ter trazido a primeira frase *"sente aqui para pintar"* como fala de alguém que estava presente nesse momento. Neste outro trecho, "Renata tem a hotwheels tá preparado sim" (22), nos parece que compartilhou o recorte de um diálogo em que trouxe em sua fala *"Renata tem a hotwheels"*, a outra pessoa perguntou *"tá preparado?"* e ele respondeu *"sim"*, mostrando-nos que, para a organização do seu discurso, ele muitas vezes se baseava no que o outro trazia para conseguir dar continuidade a sua narrativa. Tal fator se conecta totalmente com a utilização dos verbos na primeira e na terceira pessoa. Embora não exponha diretamente em seus textos que está trazendo a fala do outro, foi possível perceber que, nesses momentos que parecem expor uma troca, Bernardo utilizava o verbo na terceira pessoa. De modo semelhante, trazia slogans em alguns momentos – "playkids diversão que ensina" (24) –, ao relatar algo.

Em relação a esses aspectos podemos destacar a ecolalia, que consiste na repetição de palavras ou frases. O modo como o adolescente trazia as repetições de falas ou slogans deixou bem definido para nós que a repetição do que ouviu e trouxe em seus escritos acontece de modo contextualizado.

É possível afirmar que nos textos a fala do outro é repetida. O adolescente apresentava uma linguagem muito particular com a escrita, que é de muita fluidez, mas que é marcada por uma profunda subjetividade com uma experimentação radical dos signos e metáforas; uma atividade insólita para uma pessoa que tem uma relação muito singular com a linguagem. Embora comumente se difunda a ideia de que pessoas autistas não compreendem metáforas, a partir de suas produções escritas é possível destacarmos que sua linguagem é predominantemente metafórica. Se houver uma dificuldade de compreensão, existe em paralelo bastante criatividade nas diversas transferências de significados de um contexto para outro, por meio de uma comparação não explícita.

Na maioria das vezes, as outridades que emergem em seus relatos são destacadas de acordo com suas vivências cotidianas. O adolescente costuma dizer quem esteve com ele em determinado momento do seu dia durante a situação que vivenciou, como, por exemplo, quando destaca "fui para o Shopping *[nome do lugar]* com Meu Pai, Edu, Bernardo, Antônio e Pedro Melo" (22); "Li o livro com Helen Wanessa" (23); "Fiz atividade dos pronomes [...] com Helen Wanessa" (24); "fui para o atendimento com Tia Poliana" (24); "fui para Alison que tem o aquecimento, vivência musical e relaxamento" (27). Em poucos momentos, o adolescente destacou algumas pessoas fora desse contexto dos aspectos vivenciados no dia, como quando citou "Renata tá no Rio de Janeiro" (25) e em seguida destacou "para ir de bicicleta com Renata no Parque *[nome do lugar]*" (25). Ele nos pareceu ter uma ideia e mencionar um desejo futuro, o que compreendemos como uma vontade específica desse dia.

Embora não tivesse expressado isso diretamente, consideramos o fato de sua tia estar viajando e da ideia de fazer algo com ela que emergiu em seguida. Em outra situação, também citou "Tia Isa lá na Pousada da Praia *[nome do lugar]*. Na sexta feira, sábado e domingo" (28), trazendo-nos novamente a ideia e o desejo em relação ao passeio e à vivência futura. A relação existente com a autora e pesquisadora participou da leitura, porém, esta foi feita com toda a cautela para não construir suposições sem o embasamento na escrita de Bernardo, objetivando dar espaço para realizar a interpretação com base na voz do adolescente. Contudo, sabendo sobre a existência das tias e do contexto de viagem, foi possível fazer essa inferência, conectando os fatos.

Em outras situações, Bernardo citou algumas pessoas relacionando-as a algo e significando de uma forma muito singular "Edu tem o passarinho de cecil limited" (22); "Carol Mota tem o formato de 1 triângulo"

(24); "Laura Salvador que tem o continente américa do sul" (24); "Papai Bernardo que tem o passarinho de cecil limited tem a cor azul" (29); "Renata que tem a música: toquinho no mundo da criança tem o formato de 1 círculo" (8); tecendo relações singulares na forma como constrói significados e associações entre seus interesses e pessoas.

O adolescente também destacou algumas ações que são feitas pelas pessoas que cita "pegue a tarefa com Fabiana, Murilo e Inês Abreu que faz as datas comemorativas" (22); "tem a aula com Inês Abreu" (22) "Inês Abreu tem os continentes américa do sul, antártica, áfrica, oceania, europa, ásia e américa do norte" (22); citando várias vezes sua antiga mediadora escolar (Inês Abreu) e contextos de atividades mais direcionadas que vivenciou.

Em algumas situações faz citações recorrentes às mesmas ideias, como, por exemplo, quando destaca sua dentista: "lá em Tia Suzana no *[nome do edifício]* que tem o prédio e o elevador tem o formato de 1 retângulo" (30), da mesma forma e de modo recorrente em diversos dias, citando o prédio, nome do edifício, elevador e forma. No dia seguinte, destaca: "em Tia Suzana no *[nome do edifício]* que tem no Shopping *[nome do lugar]* tem o formato de 1 pentágono tem o prédio e o elevador tem o formato de 1 retângulo" (31), novamente relacionando o elevador do prédio com outro lugar e dando ênfase à forma.

O adolescente enfatizou bastante as transições existentes em seu cotidiano e as idas a algum lugar: "fui para o Shopping *[nome do lugar]* [...] fui para a Farmárcia" (22), destacando frequentemente as mudanças de um lugar para outro. Compreendemos que a fronteira é o campo em que tudo é possível. A borda entre os espaços é um campo que não é nem A, nem B, mas sim o que está *entre,* sendo o campo da própria vivência subjetiva. Talvez seja o espaço em que o adolescente possa se ver como ator, um lugar em que se reconhece como sujeito de ação. Se ele está em algum espaço específico (ex: clínica, casa, escola etc.), ele tem a rotina deste espaço, mas entre um e outro só os pés dele podem ir e voltar. A autonomia nesse contexto ganha uma atenção especial.

Na maioria das vezes citou terapeutas e profissionais do espaço transdisciplinar que frequenta: "Li o livro o São João, fiz atividade dos pronomes no wordwall e digitação São João com Tia Helen, lanchei pipoca tem a cor branco, fui para Tio Felipe, fui para o atendimento com Tia Poliana sobre o Dia das Mães tem o formato de 1 coração tem a cor vermelho" (24) e da escola "lá na aula de english que tem a professora: Tamires no Colégio *[nome do lugar]*" (2). Nos fins de semana, foi possível perceber que seu pai e seu irmão apareceram nos relatos dos passeios e momentos juntos. Em nenhum dos dias sua mãe foi citada, porém, como houve outras etapas da coleta de dados, foi possível acessar a relação por outro viés.

De modo geral, ficou perceptível que as outridades emergentes em sua narrativa eram as que faziam parte do seu cotidiano; que o adolescente tecia relações singulares e significava de forma particular as pessoas com quem se relacionava; e que tinha um fluxo de pensamento repetitivo em relação a algumas vivências, não sendo possível perceber de modo explícito em seus relatos um destaque de qualificação quanto as suas vivências, na maior parte das situações, ou um recorte que incluísse as emoções ou como se sentiu em determinado contexto. Nos textos de Bernardo, é possível identificar regularidades muito relacionadas às concretudes da experiência, sem narrativas abstratas de sentimentos e conflitos internos relacionados a questões sobre "quem eu serei", por exemplo, típica de adolescentes. Contudo, consideramos que, se algo emerge, podemos considerar a afetividade desse contexto, e se algo aparece de modo recorrente, isso nos mostra que há uma força afetiva, sendo a recorrência um marcador importante das questões afetivas.

Quando se referiu a sua escola, Bernardo buscava especificá-la, dizendo "o Colégio *[nome do lugar]* tem o formato de 1 triângulo" (25) relacionando a escola à logomarca que a representava e tinha essa forma. Em suas narrativas foi possível perceber que significava o espaço escolar considerando a rotina e as atividades que eram realizadas: "Fiz atividade de português e história lanchei banana tem a cor amarelo, pão de queijo e coco tem a cor verde. Fui para o recreio" (27), trazendo um relato descritivo das situações vivenciadas na escola e mencionando sua antiga mediadora "hoje tem Colégio *[nome do lugar]* [...] que tem a aula com Inês Abreu" (22).

De algum modo, o adolescente também relacionava a escola com um vídeo infantil do *Bebê Mais*, quando destacava "Fui para o Colégio *[nome do lugar]* tem o formato de 1 triângulo que tem o vídeo do bebê mais natal tem o jacaré tem a cor verde" (30), considerando que a cor da escola (fardamento e espaço) era verde, da mesma forma que termina sua fala com *"o jacaré tem a cor verde"*, entendemos que tentou fazer uma relação entre a cor da escola e o jacaré que aparece no vídeo que destacou. No dia seguinte, destacou esse mesmo elemento de relação com a cor, mas entendemos que tentou expressar melhor sua ideia: "Fui para o Colégio *[nome do lugar]* tem o formato de 1 triângulo que tem o vídeo do bebê mais natal tem a cor verde" (31). Mais uma vez, trouxe a ideia junto a outros elementos, destacando uma disciplina em específico e sua professora, mas não deixando de lado o destaque à forma e a cor da escola: "lá na aula de english que tem a professora: Tamires no Colégio *[nome do lugar]* tem o formato de 1 triângulo que tem o vídeo de bebê mais natal com jacaré tem a cor verde" (2).

Norteamos o nosso olhar para identificar possíveis relações com disciplinas da escola, buscando relacionar os aspectos que despertavam mais seu interesse, a partir de menções de sua narrativa com a finalidade de delimitar a observação videogravada no contexto escolar, validando suas áreas de interesse. Identificamos episódios relacionados com as disciplinas de Artes (80), Matemática (76), Geografia (12), Português (6) e Idiomas (4), sendo o Intervalo e História mencionados uma única vez em suas produções.

Ao ler os diários, foi possível perceber que Bernardo destacou bastante as cores de objetos, materiais e elementos que vivenciou no cotidiano, dando um aspecto bastante relevante a elas em seus escritos. Como exemplo, destacamos os trechos "Almocei arroz tem a cor branco, picanha tem a cor marrom, batata frita tem a cor amarelo e bebi o coco tem a cor verde" (24); "lanchei pipoca tem a cor branco e banana tem a cor amarelo" (26); "fui para a Livraria da Praça de *[nome do lugar]* descancei no puff tem a cor roxo" (4); e "comprei os peixinhos de chocolate que tem as cores vermelho, azul, amarelo e verde" (4). Além das cores, Bernardo mencionou também as datas comemorativas em alguns trechos: "tarefa das datas comemorativas" (22); "Li o livro do São João, fiz atividade de da digitação sobre o São João," (26); "vi os meses do ano e as datas comemorativas no ipad" (4). Consideramos que as cores e as datas comemorativas se aproximam dos conteúdos de **Artes**. As formas geométricas também são citadas em diversas situações, conteúdo que também se aproxima dessa disciplina, mas que optamos por destacar enquanto conteúdo matemático.

Foi possível perceber um interesse específico pela área, pelo modo como o adolescente relatou sobre as formas geométricas que pareciam se destacar enquanto padrão relacionado à forma como percebia o mundo ao seu redor. Como exemplo de destaque à disciplina de **Matemática**, observamos os trechos "andei de bicicleta tem o formato de 1 círculo deu 20 minutos brinquei no computador tem o formato de 1 retângulo, celular tem o formato de 1 retângulo e o instrumento musical tem o triângulo" (24); "fui para o Colégio *[nome do lugar]* tem o formato de 1 triângulo" (27); "jantei no Mercado da *[nome do lugar]* tem a pizza tem o formato de 1 círculo" (27); "no Shopping *[nome do lugar]* tem o formato de 1 pentágono tem o prédio e o elevador tem o formato de 1 retângulo" (31); "comprei a revista tem o formato de 1 retângulo"(3); "fui para a Sorveteria tomei o sorvete tem o formato de 1 triângulo" (4); "o livro tem o formato de 1 retângulo" (4); Jantei comi ovo tem o formato de 1 oval, banana tem o formato de 1 lua" (6).

As cores e as formas são os elementos principais que o adolescente destacou ao trazer relatos do seu cotidiano, buscando especificar objetos, símbolos e imagens. Tais fatores eram centrais e perpassaram todas as situações que vivenciou. Além desses elementos, percebemos que mencionou também alguns outros relacionados à disciplina de **Geografia**, como nos trechos "que tem os continentes do mundo são: américa do sul, antártica, áfrica, oceânia, europa, ásia e américa do norte que vai fazer a atividade" (2); "o Número: *X* o Bairro do Recife: *Y* Rua *Z* o Continente: américa do sul o País: Brasil a Capital: Brasília" (2); "o Brasil fica na América do Sul" (9). Foi possível perceber um interesse pelas temáticas envolvendo lugares, o que nos aproxima da disciplina de Geografia.

Com menos frequência, o adolescente também mencionou **Português**: "fiz atividade dos pronomes no wordwall" (24); "no passado, presente e futuro" (28); e **idiomas** "brinquei com as datas comemorativas que tem os meses do ano de 2022 são: janeiro, fevereiro, março, abril, maio, junho, julho, agosto, setembro, outubro, novembro e dezembro em português, english e español"(2); "para aprender english e español" (4). Ao citar idiomas, citou a professora que ministra as aulas de Inglês, sendo a única docente a ser citada: "que tem no calendário tem o formato de 1 retângulo são: january, february, march, april, may, june, july, august, september, october, november and december lá na aula de english que tem a professora: Thamires no Colégio *[nome do lugar]*" (2).

Desse modo, acreditamos que na investigação das relações intersubjetivas no contexto escolar do adolescente é fundamental validar suas áreas de interesse. Por esse fator, as observações e videogravações na escola envolveram as disciplinas de Artes, Matemática e Geografia, por serem as mais citadas em seus textos. Além destas, observamos o intervalo, por considerarmos a importância de um momento livre para interações na nossa pesquisa. A disciplina de Inglês também foi escolhida por ser a única em que o adolescente citou o nome de sua professora, aspecto que consideramos extremamente relevante, porém, devido às questões de horário (por ser no contraturno e o adolescente ter terapias nesse período e não frequentar essa aula durante a investigação), não foi possível incluí-la na pesquisa.

A seguir, destacamos dois textos do adolescente na íntegra, um construído no fim de semana e outro durante a semana, que foram selecionados para ilustrar essa seção:

**22/5/22 – DOMINGO**

o meu dia

Hoje eu acordei tomei banho brinquei de assistir o celular fui para o Shopping *[nome do lugar]* com Meu Pai, Edu, Bernardo, Antônio e Pedro Melo. Almocei no *[nome do lugar]* e comi arroz, picanha, batata frita e bebi água de coco. E andei no Shopping *[nome do lugar]* tomei o sorvete tem 1 formato de 1 triângulo no *[nome do lugar]* fui para a Farmárcia comprei o remédio para botar no nariz e o olho para ver o mundo tem os continentes no teatro que tem o lugar é a Tok Stok que tem a lâmpada, caneca, copo, garrafa, prato, armário, cama, mesa, geladeira, fogão, torneira, máquina, travesseiro e pote. Eu comprei o shampoo e condicionador, fui na *[nome do lugar]* joguei o jogo do carro e comprei a roupa e o calção lá no Shopping *[nome do lugar]* e fui para *[nome de um bairro do Recife]* no Jaguar e Pace e assisti o filme com os amigos de Edu tem o número 7 que tem os fogos é besteira com Tia Marta no Projeto *[nome do lugar]* que vai almoçar que tem o contiente é américa do sul que tem a data comemorativa pá pá pá pá pá pá pá pá pá pá pá pá pá que tem no brasil tem o continente américa do sul que tem as formas retângulo, losango, círculo e facha branca. O brasil tem o continente que solta fogos é américa do sul que sente aqui para pintar e celular que tem as pessoas Papai, Bernardo, Edu, Francisco, Vovó, Tia Livia, Tio Marcio e Pedro Melo. Antônio que tem o número 7 que come a tapioca que tem a cor branco, Edu tem o passarinho de cecil limited tem a flor e Pedro Melo tem a mosca com Tio Jonas tem o formato de 1 retângulo que come a tapioca com Renata lá no *[espaço transdisciplinar]* que tem as formas é o retângulo do doki que é hora de comer a tapioca que vai para *[nome de um bairro do Recife]* que tem a hotwheels tá preparado sim que faz a tarefa das datas comemorativas que tem as marcas do carro que tem na

Vivo, Oi, Claro e Tim é com Papai e Vinícius lá no Colégio *[nome do lugar]* no smartkids com Renata que tem as tarefas é em 2023 com Fabiana é o rato na cidade que assisti saves ums pequenos e poderosos que vai se comportar bem, Pedro que assisti tem o marcus mit autos que pegue a tarefa com Fabiana, Pedro e Inês Abreu que faz as datas comemorativas no smartkids que pegue as tarefas lá na sala de Jana que faz as tarefas na ficha com Verônica e Paulo assisti toy story 1 2 3 4 que faça a taefa no smartkids com Renata que tem as tarefas é em 2023 que tem as formas lá no Colégio *[nome do lugar]* que hi-5 sime mister maker não que hoje vai assistir mister maker que assisti playkids divesão que ensina que gaha 1 mês grátis que tem aula com Inês Abreu que assisti minions na universal music que trouxe playkids que vai encontrar José tem as formas é o retângulo que encontra Antônio, Edu, Vinícius, Pedro Melo e Bernardo. O número 7 contando 1 2 3 4 5 6 7 que tem os dados tem o formato de 1 quadrado que ele assisti bebê mais bichos ll com Laura Salvador que hoje tem Colégio *[nome do lugar]* que trouxe playkids diversão que ensina quem ganhe 1 mês grátis que tem a aula com Inês Abreu que tem a universal music que tem o mundo dos continentes com Renata tem a hotwheels tá preparado sim que faz as tarefas no smartkids que tem as datas comemorativas no marcus mit autos e Inês Abreu tem os continentes américa do sul, antártica, áfrica, oceania, europa, ásia e américa do norte que tem a universal music tem o mundo tem o formato de 1 círculo que assisti os minions tem a cor amarelo.

**27/5/22 – SEXTA**

Hoje eu acordei tomei banho peentiei o cabelo vesti a roupa fui para o Projeto *[nome do lugar]* encontrei, Juliana, Helen, Thiago, João, Bernardo, Severino, Carla, Carlinhos, Alison, Simone, Felipe, Poliana, Mariza, Lena, Aline e Carol Mota fiz exercício com Felipe lanchei banana tem a cor amarelo e o pão de queijo fui para Simone que assisti baby da vinci da bônus que tem cadê e achou com os macacos tem a cor marrom e fui para Alison que tem o aquecimento, vivência musical e relaxamento almocei arroz tem a cor branco, galeto tema cor galeto, batata frita tem a cor amarelo e bebi água tem a cor azul fui para o Colégio *[nome do lugar]* tem o formato de 1 triângulo com Lucia que eu respirei oito o computador tem o formato de 1 retângulo que assisti o marcus mit autos e bebê mais natureza para relaxar serve para respirar e bebê mais formas que tem os dados tem o formato de 1 quadrado. Fiz atividade de português e história lanchei banana tem a cor amarelo, pão de queijo e coco tem a cor verde. Fui para o recreio fui para o computador tem o formato de 1 retângulo com Lucia e respirei oito que tem o pandeiro tem o formato de 1 círculo assisti bebê mais natureza que vai relaxar para respirar Lucia tem o oito que é o mês é fevereiro. Jantei no *[nome do lugar]* tem a pizza tem o formato de 1 círculo pão de queijo e bebi guaraná assisti o filme tin tin com Papai Bernardo fiz atividade de pintura com as letras, números, cores e formas. Fui para *[nome de um bairro do Recife]* levei Carol Mota tem o formato de 1 triângulo que tem o prédio e o elevador tem o formato de 1 retângulo o macaco e o pan pan tem o formato de 1 triângulo e fui para *[nome de um bairro do Recife]* dormi bem com as mantas das cores laranja e roxo.

## 4.2 ENTREVISTA COM O ADOLESCENTE AUTISTA

Nesta análise, consideramos que a cultura se faz e se transforma a partir das experiências singulares de cada ser humano no mundo; assim sendo, a entrevista foi um caminho para tentar capturar em primeira pessoa a perspectiva do adolescente sobre as relações e os contextos sociais onde circulava e acessar os dizeres sociais de seus enunciados.

O material empírico foi coletado a partir da realização de uma entrevista com a pesquisadora, que teve duração de 52 min 19 s (52 minutos e 19 segundos), no espaço transdisciplinar que o adolescente frequentava, lugar onde se sentia confortável. As narrativas que compõem os dados foram produzidas a partir da troca dialógica estabelecida entre o participante e a pesquisadora, que também era sua psicopedagoga, momento em que o adolescente ficou livre para decidir sobre o que falaria em cada pergunta que lhe foi realizada. A entrevista foi gravada e literalmente transcrita, seguindo os eixos temáticos: 1) Interesses; 2) Relações; 3) Escola; 4) Diários. Tal proposta nos permitiu a compreensão de uma realidade sob a perspectiva do adolescente a partir de interpretações dos discursos.

Inicialmente realizamos a análise dos diários autoetnográficos com textos escritos pelo adolescente, em seguida, essa entrevista, que nos possibilitou acessar seus discursos orais, pois entendemos que todas as formas de expressão são significativas para que pudéssemos compreender nosso participante central de modo mais amplo. A análise da entrevista é dividida em episódios comentados após apresentação do diálogo, no qual a pesquisadora inicia com algumas perguntas sobre dados específicos do adolescente (nome, idade, local onde estuda, série etc.), antes de dar sequência às perguntas sobre os eixos temáticos. Durante a entrevista, o adolescente compartilhou o olhar durante a maior parte do tempo com a pesquisadora e emitiu algumas vocalizações (emissão de sons, leves gritos e balbucios) para além das perguntas e respostas. Ambos estavam sentados em um tatame confortável no chão da sala de terapia e ele mostra-se conectado e atento ao momento da entrevista.

<u>*Episódio 1*</u>

1. Pesquisadora (P): E quantos anos você tem, Bernardo?
2. Adolescente (A): 17 anos.
3. P: 17...
4. A: 16 anos [interrompendo a fala da pesquisadora].
5. P: Ah! 16! Quando é que você faz 17?
6. A: No dia 19 de setembro... no *[nome do espaço terapêutico transdisciplinar]*.
7. P: Ah! Vai ser aqui no *[nome do espaço terapêutico transdisciplinar]*? Dia 19 de setembro... tá perto, né? A gente tá perto desse dia.
8. A: [Vocalizações]

Conforme destacado, a entrevista se iniciou com as perguntas em torno de dados do adolescente e, sobre esse aspecto, é possível afirmar que, com suas falas, demonstrou conhecimentos sobre tempo e espaço quando traz a temática do seu aniversário. É importante mencionar que, no dia da entrevista, faltavam quatro dias para o seu aniversário, dessa forma, quando questionado sobre sua idade, o adolescente trouxe essa informação (turnos 5 e 6).

Do ponto de vista intersubjetivo, talvez a história compartilhada entre entrevistadora e entrevistado construiu esse campo, tanto de uma situação que o atraiu, quanto de enunciar o interesse dele considerando a data que se aproximava. Além disso, espontaneamente o adolescente acrescenta *onde* seria (turno 6) e, sobre a questão de ser comemorado no espaço terapêutico transdisciplinar que frequentava, percebemos que nos fala do sentimento de estar em comunidade, espaço de acolhimento de sua singularidade. Neste episódio, entendemos que acontece uma convergência de sentidos, no qual ele responde impulsivamente uma idade a mais que a sua, escuta, percebe-se, corrige-se e amplia expondo seu desejo, finalizando com vocalizações muito particulares (turno 8), um tipo de expressão idiossincrática, considerando o desejo afirmado (turno 6).

*Episódio 2*

1. P: E onde é que você estuda?
2. A: [Intervalo de nove segundos] No *[nome da escola]*.
3. P: Qual ano que você é lá no *[nome da escola]*?
4. A: Ano do *[nome da escola]*? [Intervalo de quatro segundos] Nono ano.
5. P: Nono ano! Que ótimo! E me diz... o que é que você gosta de fazer, Bernardo?
6. A: [Intervalo de cinco segundos] Brincar... [quatro segundos] ir pra festa... dormir... almoçar e sair. [Pausas entre uma palavra e outra]

Um aspecto crucial a ser destacado no diálogo com o adolescente é a *temporalidade comunicativa*, o tempo de espera do outro que se relaciona e endereça as questões a ele, uma vez que o tempo de resposta do adolescente é alargado. Na troca comunicativa com Bernardo, é possível perceber que o adolescente precisa de um tempo maior para responder algumas perguntas que lhe são feitas (turnos 2, 4 e 6). Quando o intervalo entre pergunta e resposta foi superior a dois segundos, consideramos importante destacar informando o tempo que o adolescente precisou para processar, interpretar e construir significado. Durante toda a entrevista, esse tempo variou, sendo o maior intervalo de 14 segundos. De modo geral, o adolescente respondeu mais prontamente perguntas objetivas e precisou de mais tempo para formular suas respostas diante de perguntas subjetivas (turnos 5 e 6), nas quais precisava identificar e reconhecer suas preferências ou responder de modo muito específico sobre si mesmo.

O tempo e o ritmo dele são outros. O tempo de construir o significado de algo tem todo um contexto situacional e na escola a dimensão da temporalidade subjetiva pode ser algo silenciador, considerando que o adolescente precisa de um tempo maior para responder e na maioria das interações essa espera pode não existir. A temporalidade é uma dimensão importante. Quem são as pessoas que conseguem respeitar seu tempo? Dar um tempo para ele subjetivar e não apenas responder no automatismo? Como dentro dessa temporalidade que é do outro há espaço para atender ambos os ritmos? Isso faz parte da dança dialógica que permeia todas as relações.

Na comunicação bidirecional, as duas pessoas participam de modo contínuo da construção do diálogo. Muitas pessoas autistas, devido às questões biológicas que impactam o planejamento motor, sequenciamento, processamento auditivo ou visuoespacial, modulação diante dos estímulos sensoriais etc., podem ter dificuldade para engajar em um diálogo. Na troca dialógica, que envolve comunicação bidirecional, é preciso encontrar o tempo certo.

O adolescente deste estudo pareceu ter um tempo diferente para conectar o que ouvia ao que desejava expressar. Na interação com pessoas autistas, é preciso ter atenção ao ritmo e ao tempo para alcançar uma harmonia, pois seus sistemas nervosos diferem dos das pessoas não autistas. Se a pessoa precisa de mais tempo para processar a informação auditiva ou formular respostas às perguntas que lhe são feitas, é importante respeitar seu ritmo dando espaço suficiente para que possa elaborar e responder. Nesse espaço, é possível oferecer suporte com gestos e expressões faciais, que podem auxiliar sua compreensão, sendo também possível repetir a pergunta, usando palavras diferentes, para reorientar a pessoa após algum tempo.

Por fim, adentramos nos interesses do estudante e percebemos que quando Bernardo nos respondeu o que gostava de fazer (turnos 5 e 6), ele nos permitiu um maior conhecimento sobre quais experiências lhe proporcionavam prazer, e entendemos que os interesses dele falam daquilo que o toca, então, precisam ser levados em consideração nesse processo. Por isso, consideramos importante na entrevista trazer um eixo sobre suas preferências, dando continuidade a um recorte desse eixo no episódio seguinte.

### *Episódio 3*

1. P: Me diz, o que é que você gosta de assistir?
2. A: Você gosta de assistir é... [intervalo de seis segundos] assistir... [cinco segundos] Mundo Bita, Toquinho, Palavra Cantada, Tame Impala e Little Einsteins.
3. P: Que massa! E que vídeos que você mais gosta de ver?
4. A: [Intervalo de 11 segundos] Você gosta de ver é Bebê Mais.

5. P: Vídeo do Bebê Mais, ahh!
6. A: Bebê Mais Música!

[...]

7. P: Qual é a cor que você mais gosta?
8. A: [Cinco segundos] Qual a cor é...Qual a cor que você mais gosta é? Vermelho.
9. P: Ah! Eu adoro vermelho também! E quais são as músicas que você gosta de ouvir?
10. A: Tame Impala, Palavra Cantada, Toquinho, Marinheiro Só da Bebê Mais...[vocalizações] Little Einsteins da abertura, vê os instrumentos musicais de música e Carinhoso.
11. P: Humm, é uma música linda. E quais jogos? Me diz, você gosta de jogar? De jogar videogame? Gosta?
12. A: [Cinco segundos] Sim. Sonic.
13. P: Ah! Sonic! Tem outro jogo que você também gosta?
14. A: Sim.
15. P: Qual?
16. A: Sonic... [cinco segundos] O que mais? [Quatro segundos]... e Sonic, Word Wall, Futebol...
17. P: Muito bom, Bernardo.
18. A: O jogo de... [interrompendo a pesquisadora] os países, os verbos... o jogo de... e... e... você vai assistir escola games. Que agora... para aprender brincando.
19. P: Ah! Massa! Esse jogo você joga no computador, no ipad, no videogame... onde você joga?
20. A: No computador.
21. P: E você disse pra mim que gosta de sair. Quais lugares que você gosta de passear?
22. A: [Oito segundos] Paço do Frevo, Paço Alfandega, Marco Zero, Torre Malakoff, os Museus dos dinossauros e o sorvete... *lamb* [colocando a língua para fora semelhante a quando lambemos um sorvete].

Nas perguntas realizadas sobre seus interesses, foi possível ter como ponto de partida um breve conhecimento quanto ao que lhe atraía. Vídeos, músicas, instrumentos e filmes de animação e aventura cativavam sua atenção e curiosidade. Com suas falas, ele nos mostrou ter incorporado ao seu repertório afetivo-linguístico-cognitivo conhecimentos relativos a seus gostos e suas preferências (turnos 1 e 2; 3 e 4; 7 e 8; 9 e 10; 11 e 12;13,14, 15 e 16; 21 e 22).

Conectando a discussão anterior sobre temporalidade ao episódio apresentado, em que buscamos conhecer seus interesses, é possível afirmar que *Bebê Mais*, que o adolescente citou diversas vezes em seus diários e em trechos da entrevista (turnos 4, 6 e 10), tem a organização rítmica que não é o tempo do adulto, sendo uma outra perspectiva de temporalidade que também envolve, especialmente, cores e formas que o adolescente citou bastante em tudo que observa ao seu redor nas produções de seus diários.

Diante do contexto da pesquisa, que traz um recorte sobre adolescência, e da idade cronológica do participante, é possível destacar ambiguidades quanto a esses interesses, considerando que muitas vezes destaca o universo infantil (turnos 1 e 2; 3 e 4; 9 e 10). *Mundo Bita*, *Palavra Cantada*, *Little Einsteins* e *Bebê Mais* são destinados especialmente para a infância, tanto no contexto musical quanto visual em relação às imagens presentes nos dois últimos. Conforme discutido na seção desenvolvida sobre adolescência, ao abordar o espectro autista, a adolescência pode não apresentar marcadores típicos do adolescer, pois é necessário considerar aspectos culturais e desenvolvimentais de cada pessoa especificamente. É possível destacar uma ambiguidade quando o adolescente citou também interesses do universo da adolescência, como Tame Impala (turnos 1 e 2; 9 e 10) e lugares onde gosta de passear (turnos 21 e 22), contudo, predominantemente destacou elementos do universo infantil.

Ao destacarmos o contexto escolar, âmbito existente nesta pesquisa, acreditamos que é fundamental enfatizar que conhecer os interesses do/da aprendiz autista e sua temporalidade na troca sociocomunicacional são aspectos centrais no contexto de aprendizagem. Não podemos pensar a aprendizagem fora do contexto relacional e do sujeito que aprende, por isso, considerar 1) seu tempo para processar, interpretar e construir significado contribui para expansão da troca sociocomunicacional; e 2) seus interesses contribuem para o processo de construção de vínculo afetivo e da relação de confiança; além de um olhar específico para as questões afetivas, que estão diretamente atreladas à motivação, que emergem em diferentes espaços de sua vida e que são expressas em sala de aula, constituindo os sentidos subjetivos do aprendiz.

Nesse processo sociocomunicacional, também foi possível identificar a ecolalia, repetição da fala da pesquisadora, presente em diversas situações (turnos 1 e 2; 3 e 4; 7 e 8). Foi possível perceber a repetição de uma pergunta, ou de uma parte dela, antes de expor sua resposta. A comunicação vem com a intencionalidade; sem a conexão entre o desejo e a ação intencional os símbolos são muitas vezes utilizados de modo repetitivo com *scripts* e ecolalias. A pesquisadora também buscou utilizar repetições em alguns momentos do seu discurso (turno 5) no decorrer da entrevista, bem como conectar a fala do adolescente com o que trará em seguida (turnos de 8 a 13), com a finalidade manter o sujeito envolvido, atento e participativo no diálogo e buscando facilitar a interlocução. Nestes contextos que acontecem ao longo da entrevista, o papel da pesquisadora foi crucial para que o adolescente pudesse continuar sustentando o diálogo, relatando fatos e, portanto, reorganizando suas próprias experiências.

<u>*Episódio 4*</u>

1. A: Fui para... ligar pra Carol Mota, ir pra aula com Carol Mota e você vai para entrevista.
2. P: Hum... Hoje a gente combinou, né? Hoje a gente combinou de vim aqui [vocalizações do adolescente ao fundo], fazer essa entrevista, conversar, eu falei que ia fazer umas perguntas pra você...
3. A: Pro *[nome do projeto que participa]*? Ir pra aula com Carol que tem a entrevista [interrompendo a pesquisadora]
4. P: Isso! Que é o que a gente tá fazendo agora.
5. A: A pergunta é... [falando com voz baixa ao fundo da voz da pesquisadora]

<u>*Episódio 5*</u>

1. P: E você gosta de conversar, Bernardo?
2. A: Sim.
3. P: Com quem você gosta de conversar?
4. A: [Oito segundos] De conversar com Carol.
5. P: E você gosta de conversar sobre o que?
6. A: O meu dia.

7. P: Ah! Sobre como foi o seu dia!
8. A: Vamo mandar um e-mail pra Carol? [Interrompendo a pesquisadora]
9. P: [Som do sorriso da pesquisadora] E você mandou um e-mail pra mim, é verdade, me contando sobre o seu dia e eu adorei receber esses e-mails.
10. A: O meu dia que tem o e-mail.
11. P: Era muito bom quando você sempre mandava pra mim! O e-mail que fazia também parte da pesquisa. E de passear? Você me falou que gosta de passear, você disse os lugares que você gosta de passear, mas com quem você gosta de passear?
12. A: [Cinco segundos] Passear pro Recife Antigo.
13. P: Com quem?
14. A: Com Carol.
15. P: Pro Recife Antigo... você adora o Recife Antigo, né? E de ir pra festas dançar, você gosta? [Nove segundos] Você gosta de ir pra festas dançar?
16. A: Sim. Vai pra festa dançar sim!
17. P: Que músicas você gosta de dançar?
18. A: Marinheiro só de Bebê Mais, os instrumentos musicais com Amanda Uber...
19. P: Ah! Você vai ouvindo essa música com Amanda Uber?
20. A: Tem que ouvir a música do Marinheiro só do Baby Mais Música... com os instrumentos com Amanda Uber.
21. P: Ah! Você ouve essa música com Amanda no carro?
22. A: Sim.
23. P: Ah! Eu ador...
24. A: Com Amanda Uber. [Interrompendo a pesquisadora]
25. P: Entendi.
26. A: As músicas... a música com Amanda Uber.
27. P: E você ouve essa música quando tá indo pra onde?
28. A: Pra casa.

Ambos os episódios explanam a compreensão do adolescente quanto às etapas da pesquisa (autoetnografia virtual e entrevista), além das questões relacionadas às fronteiras, que destacamos na interpretação dos seus diários, e sua relação com a pesquisadora.

Especificamente no episódio 4, o adolescente cita a entrevista (turnos de 1 a 5), mostrando sua compreensão diante do momento que vivenciou. No episódio 5 (turnos de 8 a 11), mencionou os e-mails que nos enviou na primeira etapa da autoetnografia, relacionando também com essa vivência. Esses aspectos são muito importantes quando pensamos na compreensão do contexto vivenciado; mesmo que existam desafios para expressar de modo mais elaborado suas ideias, na troca com a pesquisadora o adolescente conseguiu iniciar uma temática contextualizada e expressar sua compreensão diante do contexto, comunicando algo com endereçamento, elemento crucial no processo dialógico, a suposição de que o outro é capaz de me entender.

Ao destacar as transições do seu cotidiano com a motorista (do turno 17 ao 28), percebemos novamente as fronteiras, muito existentes em seus diários, que compreendemos como o campo de diversas possibilidades em que o adolescente pode ter sua vivência subjetiva se reconhecendo como sujeito de ação.

Um outro aspecto que merece destaque é quando o adolescente citou a pesquisadora ao ser questionado sobre com quem gosta de conversar (episódio 5 – turnos 3 e 4) além de definir sobre o que gosta de conversar (episódio 5 – turnos 5 e 6). Ao iniciarmos esta pesquisa com esse adolescente como participante central, pensamos na relação de confiança como base para que fosse possível acessarmos esse participante e as questões aqui propostas. Ao refletirmos sobre as vivências de pessoas autistas, esse é um elemento central, e as colocações feitas por ele na entrevista reforçam esse aspecto. A motivação, que envolve o desejo de querer compartilhar com a pesquisadora suas experiências, e a relação de confiança são a base para acessarmos a perspectiva do adolescente.

### *Episódio 6*

1. P: E quais são as disciplinas que você tem na escola?
2. A: Matemática, geografia, português, inglês, artes, educação física, música, matemá... músi... química, física, espanhol, psicomotricidade, FP... formação pessoal e yoga.

3. P: Nossa, tem muitas disciplinas! Muitas legais, né? Qual é a aula que você mais gosta?
4. A: [Cinco segundos] [vocalizações] [quatro segundos] O que você mais gosta? [7 segundos] [vocalizações] Qual a aula? É? Espanhol.
5. P: Hum! Por que você gosta da aula de Espanhol?
6. A: Fazer... A fiesta de Halloween [com pronúncia em espanhol].
7. P: Hum! Legal! Espanhol é muito legal e você tá aprendendo a falar em espanhol, né?
8. A: Língua espanhola! [Colocando a língua para fora]
9. P: Qual o nome da professora ou do professor de espanhol?
10. A: A professora de espanhol. É Maria Clara.
11. P: Maria Clara!
12. A: 2023. Em 2023.
13. P: É em 2023 ou é agora em 2022?
14. A: 2023.
15. P: Tá bom! Então você vai ter aula com Maria Clara em 2023?
16. A: Sim.

No episódio destacado, é possível perceber que o adolescente compreendia o contexto abordado pela pesquisadora respondendo perguntas relacionadas ao espaço escolar. Contudo, além de sua compreensão a respeito do contexto e de algumas perguntas elaboradas, é possível destacar ambiguidades em seu discurso.

No momento em que a pesquisadora questionou sobre o contexto escolar (turnos 1 e 2), o adolescente mostrou compreender as disciplinas, sendo em seguida convidado para expor suas preferências diante delas e dos/das professores/professoras. As experiências do sujeito na escola relatadas por ele nesse tópico auxiliaram nossa compreensão sobre a construção de sua subjetividade. Embora o adolescente tenha demonstrado compreensão e organização ao responder sobre as disciplinas, foi possível perceber ambiguidades em seu discurso ao destacar suas preferências. Quando questionado sobre qual aula gostava mais, o adolescente respondeu *espanhol* (turnos de 3 a 11). No desenrolar da conversa com a pesquisadora, foi possível identificar que ele não tinha aula dessa disciplina e que, embora expressasse seu desejo no presente, se referia a algo do futuro (turnos de 12 a 16). Desse modo, é possível destacar que em seu discurso ainda não conseguia expressar objetivamente quando se referia ao presente ou ao futuro.

*Episódio 7*

1. P: E qual é a aula que você não gosta, que você acha ruim?
2. A: [Cinco segundos] Recreio.
3. P: A aula que você não gosta...
4. A: Aula não gosta... assistir... do lanche.
5. P: O lanche você não gosta?
6. A: Não gosta de aula.
7. P: Pensa. Qual é a aula que você acha ruim [oferecendo suporte visual com o polegar para baixo], que você não gosta?
8. A: De assistir Mundo Bita. Inglês.
9. P: Inglês?
10. A: Não. Aula de Música.
11. P: Aula de Música você não gosta?
12. A: Aula de Português.
13. P: Fiquei em dúvida, Bernardo. Pensa direitinho. Qual é a aula que você não gosta, que você acha ruim? [Oferecendo suporte visual com o polegar pra baixo]
14. A: Portu... ruim. Acha ruim, é... acha ruim é lanche do recreio.
15. P: O lanche no recreio. Então tá certo. E qual é a professora ou o professor que você mais gosta? Que é mais legal?
16. A: Carol. A professora Maria Clara.
17. P: Maria Clara! Que é professora de quê?
18. A: 2023.
19. P: Que é professora de qual disciplina?
20. A: Espanhola.
21. P: Espanhol. E por que você gosta muito de Maria Clara?
22. A: Agora é aula de Espanhol...
23. P: Por que você gosta muito de Maria Clara?
24. A: Porque que faz a tarefa.

25. P: Ah! Porque ela faz a tarefa! Entendi. E tem algum professor que você gosta muito também?
26. A: Sim.
27. P: Qual é o nome dele?
28. A: George.
29. P: George é professor de que?
30. A: [Quatro segundos] É professor... de... yoga.
31. P: Ah! Yoga é massa! Legal! Quem são seus amigos na escola, Bernardo?
32. A: Gabriel, Tom, Nicolas... Saulo, Bruno... Eu, Pedro Melo, Caique, Antônio e Edu.
33. P: E quem são suas amigas na escola?
34. A: Julia, Beatriz, Laura, Letícia, Marina... [vocalização] Solange e Camila. [Vocalização]

Outra ambiguidade identificada acontece quando o adolescente é questionado sobre qual aula não gostava (turnos de 1 a 14). Nesse momento, embora tenha apresentado boa compreensão diante de diversas outras questões no decorrer da entrevista, o adolescente mostrou-se confuso diante do que destacou. Com a finalidade de facilitar sua compreensão, a pesquisadora utilizou o suporte visual com o polegar para baixo ao usar a palavra *ruim* (turno 7), mas, mesmo assim, o adolescente mostrou- se confuso diante da resposta, alterando a cada turno o que responde. Sobre isso, é possível destacar que a intervenção da pesquisadora/terapeuta foi altamente necessária e precisava ser constante diante do contexto dialógico que emergia, sendo necessárias reelaborações durante a conversa (turno 9), considerando que os questionamentos e incentivos para que o adolescente continuasse a relatar as informações possibilitaram a manutenção do diálogo e da organização daquilo que compartilhava.

As ambiguidades no discurso do adolescente emergem em seus diários e, também, nesse contexto da entrevista. Como o adolescente em alguns momentos apresentou dificuldade de compreensão e para se expressar, muitas vezes cabe à pessoa que faz a interlocução encontrar estratégias que possam auxiliar sua compreensão (turnos 7 e 13) e/ou atribuir sentidos que se conectem ao seu repertório. Em alguns contextos, é possível oferecer várias opções usando o suporte visual dos dedos a cada opção mostrada e, sempre que der escolhas, oferecer o desejável primeiro e segundo o que é menos atraente. Dessa forma, a pessoa não vai simplesmente repetir a última palavra que ouviu, ela precisa fazer um esforço para dizer o que ela prefere. Dar as opções facilita a compreensão em algumas situações e pode ser um recurso utilizado sempre que for necessário.

Outro aspecto a ser destacado são as relações existentes nesse espaço, no qual o adolescente demonstrou reconhecimento das pessoas com as quais se relacionava no contexto escolar, bem como os papéis ocupados por cada pessoa. Foi possível perceber quando questionado sobre professores/professoras das disciplinas (turnos 15 e 16; de 25 a 30), amigos (turnos 31 e 32) e amigas (33 e 34).

*Episódio 8*

1. P: E quem é o seu mediador na escola?
2. A: Fabiana. Inês.
3. P: Inês, Fabiana ou tem um mediador?
4. A: Murilo.
5. P: Ah! Inês foi a mediadora do ano passado, 2021. Depois veio Fabiana e agora é quem?
6. A: Murilo.
7. P: Murilo! E o que é que Murilo ensina a você?
8. A: Fazer a tarefa. [Vocalização – ihhh]
9. P: E o que mais Murilo faz na escola?
10. A: Brincar no computador. Pra tecnologia. [Vocalização – ihhh]

[...]

11. P: Eu queria saber com quem você gosta de fazer essas tarefas?
12. A: Fazer tarefas. Tarefas.
13. P: Com qual pessoa?
14. A: [Quatro segundos] Inês.
15. P: Ah! Com Inês! Você tá com saudade de Inês?
16. A: [Cinco segundos] Estou com saudades.
17. P: Ah! Inês...
18. A: [Vocalizações]

Consideramos importante destacar o episódio 8 para abordar a importância da mediação no contexto escolar. Nesse episódio, ao ser questionado sobre quem era seu mediador, o adolescente destacou suas duas mediadoras anteriores ao atual (turnos 1 e 2). Mais adiante, quando questionado com quem gostava de fazer atividades, destacou novamente sua mediadora mais antiga, com quem passou mais tempo (turnos de 11 a 16), da mesma forma que a citou bastante em seus diários.

Os diários apontaram para o lugar de uma memória mais expressiva e afetiva voltado para a antiga mediadora, ou seja, que ela ocupava um lugar intersubjetivo mais intenso ou mais elaborado na relação com o adolescente. Nos turnos de 11 a 16, ao falar de saudade, a pesquisadora faz uma inferência antecipando um afeto com o qual o adolescente concordou. Nesse cenário, a pesquisadora realizou um movimento de interpretante que antecipa e subjetiva esses enunciados, permitindo novas formas de reconhecimento afetivo por saber que o adolescente tinha um vocabulário com algumas restrições expressivas, principalmente voltados para área afetiva.

O adolescente demonstrou bastante percepção sobre o papel do mediador atual (turnos 7 e 8), ao mencionar que o seu mediador ensinava a fazer tarefas e usava tecnologia (aspecto percebido durante as observações em sala de aula). A principal função do mediador é ser o intermediário entre o estudante e as situações que vivencia na escola, onde ele se deparar com dificuldades, contribuindo, sempre que necessário, diante das questões sociais, comunicacionais, comportamentais e nas atividades escolares. Dessa forma, considerando que o adolescente necessita de suporte em alguns contextos no espaço escolar, faz-se crucial o trabalho do mediador para favorecer sua aprendizagem nesse contexto.

### *Episódio 9*

1. P: E na aula, Bernardo? O que é que você faz nas aulas?
2. A: [Vocalização] [sete segundos]
3. P: O que você faz nas aulas?
4. A: [Sete segundos] O que faz nas aulas é? Matemática, depois português, inglês, espanhol, tecnologia, teatro, FPS [Formação Pessoal] e música.
5. P: E na aula de matemática, você faz o que?
6. A: Os números romanos.

7. P: Na aula de português, pensa... o que é que você faz?
8. A: Natal.
9. P: E nas outras aulas?
10. A: Inglês, christmas. Espanhol, meses del año. Música, Amanda uber.
11. P: Ah! Vai ouvindo a música com Amanda Uber. Entendi. E no recreio? O que é que você faz no recreio?
12. A: O lanche e ir pro parque. Primeiro química, água, computador, tecnologia, música, FPS, musiquinha e a yoga, relaxamento, e futebol em educação física.
13. P: Nossa! Muito bom! Mas na hora do recreio você disse que lancha e depois vai pro parque. O que você faz no parque?
14. A: Assistir... vai pro parque assistir o celular.
15. P: Hum... você assiste o que no seu celular?
16. A: O vídeo.
17. P: Qual vídeo?
18. A: Da fada. [Grito – éeee]

[...]

19. P: Você disse pra mim que gostava de estudar português, por que você gosta de estudar português?
20. A: [Vocalizações] [14 segundos]
21. P: Por que você gosta de estudar português?
22. A: O jogo. Vai estudar português é? A floresta.
23. P: O que tem de bom na aula de português?
24. A: Os animais.
25. P: Ah! Tem o trabalho com os animais!
26. A: Hoje tem Carol.
27. P: E você gosta de fazer tarefas Bernardo?
28. A: Sim.
29. P: Quais são as tarefas que você gosta de fazer?
30. A: Português, inglês, matemática, química, física, teatro, tecnologia e espanhol.
31. P: Nossa! Muitas tarefas! Me diz uma que você gosta muito de fazer?
32. A: Matemática.

Nesse episódio, foi possível perceber que o adolescente também demonstrou compreensão a respeito do que fazia nas aulas (turnos de 1 a 10), no intervalo (turnos 11 e 14) e sobre as tarefas que gostava de fazer (turnos de 29 a 32). Contudo, mostrou que responder perguntas envolvendo o *porquê* (turnos de 19 a 24), era um aspecto desafiador para ele. Responder perguntas que trazem o *porquê* envolve a conexão de duas ou mais ideias lógicas e a compreensão de que um evento leva a outro. Conectar duas ou mais ideias ou experiências internas com externas, de maneira lógica, é algo complexo. Uma pessoa que apresenta dificuldade diante desse aspecto pode precisar de mais tempo para amadurecer o pensamento simbólico e representacional.

Compreender ideias abstratas no contexto dialógico mostrou-se um aspecto desafiador para Bernardo. De modo geral, o adolescente demonstrou que conseguia responder perguntas objetivas de um modo muito direto, apresentando dificuldade com um pensamento analítico que nos mostrasse ideias mais elaboradas, envolvendo debates e emissão de opiniões. As perguntas que envolvem *porquê* são mais difíceis por exigirem que possamos examinar nossos desejos, sentimentos, anseios etc., relacionando-os, muitas vezes, com nossa própria subjetividade. Por essa razão, quando as crianças estão iniciando respostas envolvendo essa pergunta, geralmente trazem justificativas simples e concretas, pois seu pensamento e raciocínio ainda estão se expandindo para o abstrato. Desse modo, os diálogos compartilhados com o adolescente tornam-se mais restritos, considerando que este apresentou dificuldade para expressar ideias complexas.

A seguir, os episódios (10 e 11) destacam colocações do adolescente sobre relatos do seu diário. Após leitura e análise dos relatos construídos e enviados por e-mail para a pesquisadora, consideramos importante incluir na entrevista um momento de troca sobre elementos que se sobressaíram em sua narrativa. Desse modo, esses episódios trazem, em alguns momentos, espaços entre as falas, destacando os trechos mais significativos de acordo com suas definições e conforme questionado pela pesquisadora, com a finalidade de ampliar a compreensão a respeito de sua visão de mundo.

*Episódio 10*

1. P: Agora eu queria saber um pouquinho sobre os diários que você escreveu pra mim no e-mail que você mandou, falando

sobre o seu dia. Eu fiquei com dúvidas e eu tenho umas perguntas pra fazer pra você porque eu queria ouvir você me falar um pouquinho sobre isso. Você gosta muito das formas, das cores e dos continentes, Bernardo?

2. A: [Cinco segundos] Dos continentes.
3. P: Eu vi que você escreveu muito sobre as formas, as cores, os continentes... você gosta muito?
4. A: Sim.
5. P: E na sua escola tem formas em qual disciplina?
6. A: [Cinco segundos] A disciplina é Artes.
7. P: Ah! Formas em artes. E cores é qual disciplina?
8. A: [Vocalizações] [seis segundos] Português é... Artes.
9. P: Tem cores em qual disciplina? Português ou Artes?
10. A: Artes.
11. P: E os continentes?
12. A: Geografia.

De acordo com os diários, consideramos importante utilizar os elementos que mais emergiram para nortear nossa ida ao contexto escolar. Observamos as aulas de Artes, Matemática e Geografia, considerando os interesses do adolescente por cores, formas e lugares, respectivamente. *Formas* é um conteúdo que está presente tanto em Artes quanto em Matemática, mas com a finalidade de ampliarmos a observação, optamos pela disciplina de Matemática. A partir desse episódio, foi possível confirmar como o adolescente tece relações entre esses interesses e as disciplinas escolares (turnos de 5 a 12), além do quanto foi crucial acessar seus textos antes das filmagens realizadas no contexto escolar para ter uma compreensão a respeito dos seus eixos de interesse.

### *Episódio 11*

1. P: Eu vi que você também falou de alguns lugares nos seus diários. Você falou bastante de um lugar chamado *[nome do edifício de sua dentista]*. O que é que tem no *[nome do edifício]*?
2. A: As formas.
3. P: Onde tem essas formas?

4. A: O círc... no dentista. No *[nome do edifício].*
5. P: Mas é na parede? É no quadro? É onde? Onde você vê as formas no *[nome do edifício]*?
6. A: Na parede.
7. P: Ah, é? É um desenho ou é um quadro?
8. A: É um quadro. É um desenho.
9. P: E quem é que trabalha no *[nome do edifício]*?
10. A: Tia Suzana. Dentista.
11. P: Ah! Suzana é sua dentista. E você gosta dela?
12. A: Sim. Sim.
13. P: O que tia Suzana tem de muito legal?
14. A: Mister Make!
15. P: Ahh! Mister Make é um filme, é um vídeo, é o que?
16. A: É o vídeo. Papai tá esperando. [Falou a segunda frase bem baixinho, após responder com a primeira frase.]
17. P: Que você gosta de assistir, né? E você gosta de ir lá no *[nome do edifício]*?
18. A: Sim.
19. P: Muito bom. E Playkids? Você me falou muito nos diários do Playkids. O que é Playkids?
20. A: Que assiste que tem um mês grátis.
21. P: Mas é o que Playkids? É filme? É vídeo? É jogo? É o que?
22. A: É o vídeo.

[...]

23. A: O J Playkids que tem os personagens.
24. P: Ah! E quem são esses personagens?
25. A: Junior... Junior, Theo, Mimi e Kate. Você tem *[nome da sua escola]*. [Falou a segunda frase mais baixo, após responder com a primeira frase.]
26. P: E esses personagens falam sobre o que?
27. A: As profissões, com Júnior e seus amigos.
28. P: Ah, é? E quais são as profissões que eles falam?

29. A: A maquinista, apicultor, os bombeiros, dentista, cozinheiro... encanador, salva-vidas e costureira.
30. P: Gostei! Qual é o seu personagem favorito da Playkids, Bernardo?
31. A: Kate.
32. P: Kate! E qual a profissão de Kate?
33. A: É costureira.
34. P: Hum, que legal! Kate costura vestidos, costura calças, blusas, ela costura o que? Me diz aí! O que é que Kate costura?
35. A: [Oito segundos com vocalizações]
36. P: Me fala mais de Kate!
37. A: Com a Kate que assiste...
38. P: Das coisas que Kate costura!
39. A: [Cinco segundos] Costura é a costureira. Que tem as princesas. As princesas da Disney...
40. P: Ah! Ela costura roupas de princesa!
41. A: ...pra dançar a Cinderela...

No episódio 11 é possível observar mais uma vez interesses relacionados ao universo infantil, conforme emergiram em seus diários. É possível perceber também respostas diretas e objetivas, contextualizadas com os questionamentos da pesquisadora. Mesmo com frases muito diretas e objetivas, nas respostas do adolescente notamos durante todo o episódio sua habilidade de classificar e categorizar conceitos, além de uma definição com muita segurança a respeito dos/das personagens que tinha preferência e do que o adolescente gostava em cada desenho/vídeo citado (turnos 13, 14, 15 e 16; 21 e 22; 24, 25, 26, 27, 28 e 29; 30 e 31).

O ato de classificar envolve uma atividade de seleção que tem como base um sistema de categorias criado pelos conceitos de cada sujeito. O conceito permite às pessoas dividir objetos em classes ou categorias. Com o conceito formado é possível classificar os objetos, daí a importância de um trabalho que permita às pessoas autistas se apropriar dos conceitos para, em seguida, classificar e categorizar. Grande parte da cognição humana depende do processo de categorização, o que possibilita à pessoa dar sentido ao ambiente em que está inserida. Em toda uma série de atividades cognitivas, como na identificação de objetos, na lembrança de informação, na resolução de problemas, no uso da linguagem, na aprendizagem do sistema numérico decimal, na aquisição de regras ortográficas etc., a categorização desempenha um papel preponderante. Respeitando a singularidade de cada pessoa autista, o interesse individual pode ser o ponto de partida para se trabalhar essas categorias.

Nesse episódio, também é possível destacar que durante algumas perguntas a pesquisadora ofereceu opções para que o adolescente conseguisse explicar de modo mais elaborado (turnos 5, 7, 15, 21 e 34), buscando oferecer suporte para o diálogo durante a entrevista. Outro aspecto importante que merece ser citado é a associação entre a dentista e o filme que o adolescente assistia quando estava nesse lugar (turnos de 9 a 18). Considerando seu interesse pela série *Mister Make*, conforme destacado em seus diários e na entrevista, foi possível perceber que o adolescente construiu uma relação afetiva com o lugar, significando a experiência a partir da série de um modo positivo, aspecto que nos mostra mais uma vez como utilizar os interesses a favor do processo é algo fundamental quando destacamos as relações intersubjetivas e as pessoas autistas.

Ao final da entrevista, que consideramos uma expansão dos diários, o adolescente se movimentou em direção à pesquisadora, tocando o papel com a entrevista semiestruturada que estava em suas mãos, pegando a caneta e verbalizando "agora vai escrever", expressando seu desejo. Os dois primeiros momentos da construção de dados, que envolveram diferentes aspectos da linguagem expressiva do adolescente, escrita e fala, nos trazem um elemento chave a respeito da sua singularidade: o seu tempo é outro.

A linguagem é primordial nos processos de relações sociais e constituição humana. A escrita permite que ele tenha mais tempo para pensar e elaborar; o tempo da escrita é interessante porque é um tempo próprio, único, diferentemente de um diálogo que envolve o tempo de duas pessoas em uma busca por sincronia. Desse modo, compreendemos que esse é um fator que faz com que o adolescente tenha preferência pela escrita ao invés da fala, aspecto que deve sempre ser considerado quando olhamos para a forma como ele se relaciona com as pessoas.

Conhecer a responsividade de uma pessoa é fundamental para compreensão das relações intersubjetivas. Nesse caminho, pesquisas contribuem muito para construção de conhecimentos em torno da temática. Considerando que o desenvolvimento é diretamente influenciado pelo meio cultural e pela participação da pessoa autista no contexto social, torna-se fundamental conhecer as experiências que são vivenciadas para propor estratégias que permitam a esses sujeitos possibilidades de (re)construir seu modo de ver o mundo e de estar nele.

## 4.3 ENTREVISTA COM OUTRIDADES SIGNIFICATIVAS

O desenvolvimento cultural é fundamental para o desenvolvimento humano. A participação na cultura ocorre de forma heterogênea e, ao estudarmos relações intersubjetivas, constitui-se como aspecto importante compreender como as outridades significativas, pessoas do convívio cotidiano do adolescente e que desempenham um importante papel, afetivo e simbólico, em sua vida e em sua relação com o mundo, significam as trocas estabelecidas com ele. Nesta etapa da análise, buscamos considerar o que as outridades destacaram considerando a centralidade da experiência com o adolescente nas falas dos/das demais participantes. Os *outros* surgiram a partir da tentativa de reconstruir seu lugar na fala das pessoas que fazem parte de seu cotidiano.

As outridades que participam desta seção são *a mãe, o pai, o irmão, o mediador e uma colega de classe* do adolescente, sendo o material empírico coletado a partir da realização de cinco entrevistas, respectivas a cada um desses sujeitos, nas quais estavam presentes apenas a pesquisadora e o/a participante. Todas as entrevistas foram gravadas, sendo a entrevista com o mediador e a colega de classe realizadas no contexto escolar e a entrevista com a mãe, o pai e o irmão do adolescente em contexto domiciliar. Cada entrevista teve uma duração única, conforme o quadro a seguir:

Quadro 4 – Entrevistas com outridades

| OUTRIDADE | TEMPO DE DURAÇÃO | LOCAL |
|---|---|---|
| **Colega de classe** | 26 min 57 s | Escola |
| **Irmão** | 37 min 22 s | Casa |
| **Mãe** | 57 min 21 s | Casa |
| **Mediador** | 55 min 51 s | Escola |
| **Pai** | 2 h 12 min 33 s | Casa |

Fonte: a autora

A escolha da colega se deu por ser o nome citado pelo adolescente quando questionado sobre "Quem é sua amiga da escola?" e por ser uma outridade que se destacou no campo relacional na observação no contexto escolar. As narrativas que compõem os dados foram gravadas e literalmente transcritas. Essa proposta nos permitiu construir nossa compreensão sobre como essas outridades reconhecem o adolescente e se relacionam com ele. A partir disto, buscamos trazer como as entrevistas dialogam entre si.

Imagem 2 – Outridades significativas no cotidiano do adolescente

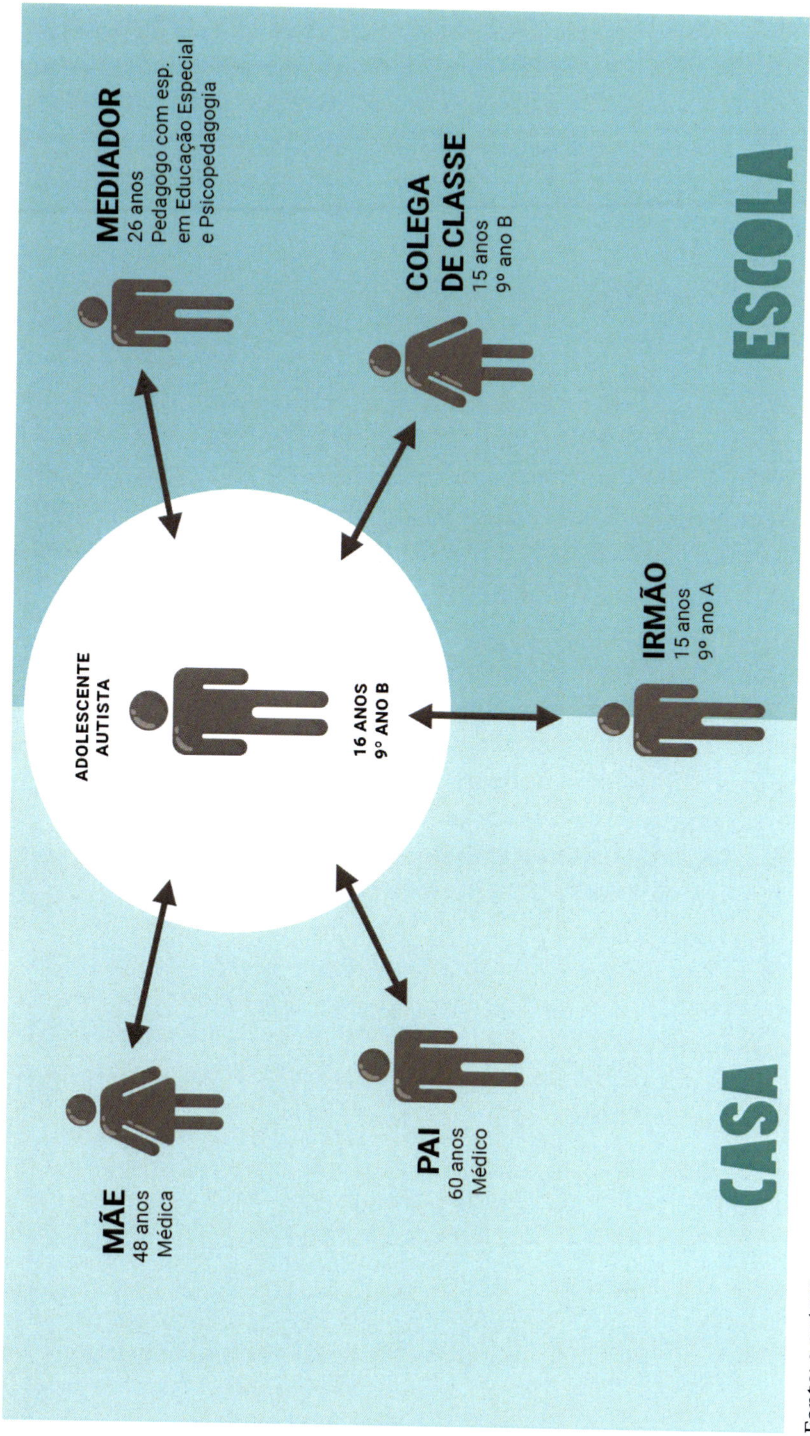


Fonte: a autora

Para pensar a qualidade dessas perspectivas em diálogo com o recorte da nossa pesquisa, destacamos como eixos temáticos dos conteúdos das entrevistas as *relações intersubjetivas* e a *vivência escolar*. A partir disso e dos dados que emergiram nos diários autoetnográficos e na entrevista com o adolescente, traçamos três categorias interpretativas: 1) *Reconhecimento da singularidade*; 2) *Troca comunicativa*; e 3) *Afetividade*. Nossas principais unidades de análise foram *tensões comunicativas* e *coconstruções de significados emergentes*, sendo estas reconhecidas como a mínima parte do fenômeno que recupera a totalidade do que se pretende investigar, ou seja, o todo na sua complexidade. Propomos essas três categorias como marcadoras fundamentais da leitura pretendida, considerando que nos ajudam a compreender a qualidade das relações com o sujeito e que sem elas não há relação intersubjetiva. Embora tenhamos feito a divisão em três, é importante frisar que elas não são descritivas; ao invés disso, são dinâmicas e se entrelaçam, sendo a marca principal as tensões que emergem a partir das relações vivas, em constante movimento.

A categoria interpretativa *reconhecimento da singularidade* foi o ponto de partida para compreensão sobre o modo como o adolescente é visto pelas outridades. Todo sujeito, para ser percebido como tal, precisa ser reconhecido como singular. Reconhecimento, estranhamento, distanciamento, aproximação etc. são aspectos que nos mostram uma diferenciação assimétrica entre *eu* e o *outro*. O modo como percebemos o outro é base para a relação que estabelecemos como ele. Na convivência, na troca, existem elementos comuns, como a linguagem, que sustentam as relações e as diferenças criadas por cada grupo. É a diferença que nos caracteriza. A diversidade se mostra em cada encontro entre as pessoas, sempre diferentes e singulares. O modo como somos reconhecidos pelas pessoas com quem nos relacionamos, que envolvem momentos de estranhamento, de aproximação e de tensão. Sobre sua singularidade, sua mãe destaca inicialmente aspectos de suas primeiras vivências ao receber o diagnóstico:

> *Quando ela, a neuropediatra, já sinalizava que ia dar esse diagnóstico, quando tinha certeza que já era mesmo, o que eu pensava era que tudo que eu já tinha lido e estudado sobre autismo era "não tem cura". [...] Como ele só tinha 1 ano e 10 meses, então eu não tinha noção de como ele poderia evoluir diante do espectro. Então, vinham as piores coisas pra mim, entendeu? E assim... o menino não vai falar, não vai interagir, não vai conseguir fazer nada só. Então veio uma sensação de medo mesmo.* [Mãe]

É possível identificar que, ao se deparar com o diagnóstico, inicialmente o sentimento de medo diante do desconhecido ganhou seu espaço. A tensão vivenciada nesse momento se caracterizou como uma fronteira que passou a reorientar o posicionamento de sua mãe. As relações intersubjetivas causam tensões que podem surgir no contexto intersubjetivo ou em cada pessoa (tensão intrasubjetiva); nesse caso, a tensão surgiu na estrutura subjetiva da mãe diante do diagnóstico. A tentativa de organizar essas tensões pode promover a construção de novos significados, aspecto que foi possível identificar em sua fala quando se refere ao reconhecimento da singularidade do seu filho atualmente. A partir das vivências, é possível perceber a construção de novos significados quanto à singularidade de Bernardo. Em suas palavras, sua mãe destaca:

> [...] *o mundo precisa de pessoas como ele, que não tá preocupado se a pessoa tem, mas sim o que a pessoa passa pra ele... pra ele se sentir confortável. Bernardinho não vê maldade, isso me admira muito... perceber isso.* [...] *Bernardinho é uma coisa assim, incrível! A personalidade de Bernardinho, a força que ele tem, ele me ensina todos os dias. Ele tem muita coisa que eu gostaria de ser e não consigo, nem fazendo terapia. Mas ele é... a personalidade forte, pronto. Acho que é o que admiro muito nele.* [...] *Ele sabe dizer não, quando ele não quer ele sabe dizer não. Ele faz o que ele gosta, ele fala com as pessoas que ele gosta, se ele não gostar ele não consegue nem estar perto...* [Mãe]

Nessa fala é possível perceber aspectos da subjetividade do adolescente que envolvem, além da relação de troca com os outros, admiração por suas características únicas quanto a maneira como se posiciona diante de vivências. O adolescente consegue estabelecer limites nas trocas com muita transparência e convicção, além de buscar sentir-se confortável nas relações. Nas tensões relacionais, movimentos de diferenciação e reconhecimento, nós nos constituímos como sujeitos e construímos percepções sobre nós mesmos e sobre os outros com os quais convivemos. Nessa fala, é possível perceber na prática como a mãe do adolescente realiza esse movimento de autopercepção a partir da diferenciação com ele, o que lhe permitiu, a partir da relação interpessoal, significar as dimensões intrapessoais. Em diálogo com tal fala, seu pai também diz que

> [...] *pra entrar no mundo de Bernardinho é uma coisa meio complexa porque Bernardinho vive no momento. Bernardinho, ele não tá nem um pouco preocupado com o passado... você não pode*

> *conversar com ele sobre o passado nem ficar planejando nada no futuro... quer dizer, você tem que ter uma relação adesiva com ele. É aderir ele naquele momento e naquele instante.* [...] *Eu acho que com Bernardinho eu aprendi a coisa mais difícil que existe, é você viver o momento. Eu acho que faz parte de um processo muito complexo pra mim, porque pra ele não. Pra ele, ele já nasce dentro daquele momento, ele não sabe sair, ele tá preso no dia dele, no momento. E eu, pra chegar a ele, eu tenho que tirar o valor das coisas vividas e tirar a necessidade de ficar planejando pra cair no momento, que é uma coisa muito impossível. Então é um processo meu, que eu precisava de alguém pra viver e aí a gente aprendeu junto.* [...] *Por isso que poucas pessoas conseguem conversar com ele, a pessoa não pode conversar com Bernardo olhando de lado, falando de coisa e usando palavras um pouco mais complexas, então quer dizer que você tem que tá ali,* [...] *ele nunca se perde em termos de espaço porque cada passo que ele dá, cada jeitinho, cada estrutura que ele faz, ele tá presente. Então quer dizer, ele em termos de espaço tem o controle todo porque ele tá presente em todos os espaços que ele está. Então ele tem muita coisa que ensina a gente e isso é muito bom.* [Pai]

Nossa capacidade humana envolve estar diante de outra pessoa e compreendê-la muito além das palavras. Essa habilidade de compreensão, seja por meio da fala, do olhar, dos gestos, das expressões, dos movimentos ou da leitura do outro, é algo crucial para favorecer as relações intersubjetivas. Em poucas palavras, seu pai explicitou diversos aspectos fundamentais nesse contexto: a singularidade do seu filho, temporalidade na comunicação, os outros além dele, a sintonização na troca e as tensões. Na construção de um diálogo, quando conhecemos o outro e aspectos centrais da sua comunicação, conseguimos pensar em como sintonizar a troca. Entrar em sintonia com o outro envolve percebê-lo, considerar suas especificidades e buscar se adequar a elas de modo a favorecer a comunicação.

Pensar na questão da temporalidade presente na troca com o outro, como os outros significam o tempo, no estado de presença diante das situações vivenciadas que envolvem o existir, ter atenção ao que se passa, ao outro e ao mundo, nos conecta de um modo muito particular. É na troca com o diferente que nos reconstituímos; nas diferenças que se apresentam em cada um e no reconhecimento delas, na abertura ao diálogo, à escuta, ao acolhimento e à percepção do universo do outro, tão próximo e tão diferente de mim. Os significados que emergem a partir da relação, na qual o pai também ressignifica sua vivência a partir da troca com o filho, também nos trazem que a experiência vivenciada pelo sujeito é única, de modo que experienciar uma determinada situação ou objeto, por exemplo, é entrar em contato inteiramente com isso, o que exige o reconhecimento da participação singular no existir.

Cada pessoa é única no mundo. É necessário que possamos experimentar uma intensa interação com diferentes modos de viver e expressar-se nas relações intersubjetivas para construirmos nossa subjetividade. A participação singular e irrepetível de Bernardo nas diversas situações cotidianas, dada a partir de um lugar também único e, consequentemente, insubstituível, transforma os outros com quem convive.

Ainda sobre sua singularidade durante o período da infância, seu pai destaca

> *Eu não sabia bem o que tava acontecendo na mente dele, mas dava pra entender que a sensorialidade dele não estava integrada, ele não conseguia integrar sensorialmente.* [...] *Então, certos sons ele não suportava, como ainda hoje não suporta o trovão* [...] *Bernardinho sempre teve essas dificuldades, né? Então, vamos supor, a gente chegava e ia pra o shopping aí Bernardinho não gostava, ele tinha que botar a proteção auditiva dele. Toque também ele não gostava muito, ele não se aproximava. Pegar em coisas, ele tinha dificuldade de pegar em coisas diferentes. Enfim, tudo de Bernardinho era um pouco... a alimentação, a repetição... se você tinha que ir pra qualquer lugar ele tinha todo o caminho a fazer, você tinha que fazer aquele caminho, subir aquela escada, chegar até aquele brinquedo, depois saia, voltava, ia pra outro canto. Enfim, você não podia mudar a rota do que você ia fazer... então Bernardinho tinha muito isso, né? Ele era muito repetitivo. Ecolalia também, tinha muita ecolalia. No começo ele tinha mais problemas de andar na ponta do pé, tinha aqueles... flapping. Tinha momentos que ele se irritava com uma certa facilidade.* [Pai]

Em suas palavras, que trazem em sua maior parte aspectos da infância do adolescente, é possível perceber o quanto seu pai é marcado pela trajetória singular de seu filho, destacando aspectos sensoriais, linguísticos, preferência por rotina, repetição, previsibilidade e baixo limiar a frustrações. Compreender o outro e aspectos de sua subjetividade significa orientar-se em relação a ele e reconhecer o seu lugar adequado no contexto existente. A partir desse reconhecimento, as dificuldades destacadas pelo pai nos mostram as possíveis fronteiras que emergiam enquanto desafios sociocomunicacionais. Estas fronteiras são características intrínsecas da condição humana que funcionam orientando as ações do sujeito e as demandas que emergem no contexto social.

O modo como as informações sensoriais são percebidas, absorvidas e interpretadas no ambiente é particular a cada sujeito. A forma como a informação é recebida por meio dos sentidos, organizada e transformada em respostas ao ambiente é chamada de processamento sensorial. Pessoas com dificuldades de processar as experiências sensoriais de maneira adequada também apresentarão dificuldades de utilizá-la para as interações e a aprendizagem. Quando os processos sensoriais não se integram de forma adequada, a experiência sensorial acontece de maneira distorcida. Nas relações intersubjetivas, cada pessoa envolvida tem características únicas e, considerando a temporalidade dessas relações, cada pessoa é levada a reconstruir sua subjetividade a partir do reconhecimento do outro e dos significados negociados e transformados no decorrer do tempo.

Quando observamos as duas falas do seu pai, aspectos distintos emergem, porém, considerando o aspecto temporal infância-adolescência, é possível perceber que a partir das experiências construídas ao longo dos anos, novos significados emergiram (emergência do novo). Seu irmão, pensando nas características únicas do adolescente, destacou que

> [...] *ele é muito organizado. Uma vez eu tava numa loja na [nome do lugar] com o meu pai... Ele viu e tava desorganizado. Ele organizou.* [...] *Ele é bem organizado nas coisas que ele faz, bem metódico mesmo. Ele acorda, faz uma coisa e faz a mesma coisa todo dia. Quando não faz a mesma coisa ele fica com raiva.* [Irmão]

A noção de singularidade nos possibilita entender o motivo pelo qual cada sujeito apresenta um ponto de vista único sobre o mundo. Neste caso, o irmão traz elementos singulares considerando o modo de existir do adolescente, que busca sempre seguir um mesmo padrão, tanto relativo à organização do ambiente quanto de rotina. A singularidade é dada, mas também construída na relação com o outro, sempre reconhecendo outras formas de ser, estar e outros pontos de vista. Como a pessoa autista se posiciona em relação a outra pessoa, ao mundo e como essa pessoa se posiciona em relação à pessoa autista são questões importantes na intersubjetividade.

Ao adentrar nos estudos e ouvir relatos de/sobre pessoas autistas, comumente percebemos um destaque quanto ao apego à rotina, organização e estrutura metódica. Desse modo, antecipar, organizar e planejar vivências são aspectos que facilitam o desempenho no cotidiano e nas atividades educativas. Contudo, não existem normas universais que se estendem a todas as pessoas igualmente, apenas direções possíveis.

Cada evento existe em correlação com a singularidade do sujeito, mesmo que alguns aspectos façam parte de sua estrutura e responsividade, quando abordamos a singularidade entendemos que, embora compartilhem de uma mesma condição, as pessoas apresentam características únicas e é necessário conhecer como cada uma responde ao mundo. Em determinado momento, seu irmão também ressalta:

> *Ele é muito... Estranho em algumas partes, aí você vai marcando por causa disso. Porque é muito idiossincrático essas partes específicas...* [Irmão]

Nesse relato é possível perceber um movimento de diferenciação e estranhamento em relação à singularidade do adolescente ao mesmo tempo que um reconhecimento das suas particularidades. A relação do irmão com o adolescente autista pode ser algo que muitas vezes gera estranhamento. As intenções do outro são sempre supostas, questionadas e confrontadas com as intenções do eu, podendo fazer emergir discrepâncias e ambiguidades a partir de um constante movimento de diferenciação e espelhamento, espaço em que a unidade do ser acontece. É durante essas relações estabelecidas que os sujeitos se constituem de maneira dinâmica, um perante o outro.

Seu mediador, responsável por acompanhar Bernardo nas atividades pedagógicas e auxiliá-lo no cotidiano escolar, destaca que

> [...] *atividades práticas ele gosta muito. Ele tem muito interesse nas aulas de culinária, ele adora participar, adora fazer* [...] *ele adora prática. Ele gosta muito de teatro, ele gosta muito de música, ele gosta muito de arte, né? Eu vejo. Talvez também por conta de... é... da afetividade que ele criou com determinados professores, que acontece... cria-se um laço afetivo maior com uns, né? Então, ele tem um laço muito afetivo, muito grande, com a professora de teatro, com a professora de matemática, ele gosta muito, né? A professora de... teatro, matemática... eu acho que essas duas são as que ele mais gosta e tem mais afetividade. E música ele gosta muito porque é prática, é uma atividade prática e a psicomotricidade ele adora também. Ele gosta muito de participar da aula de psicomotricidade, de tá ali, de utilizar os materiais* [...] *Ele tem muito interesse nisso tudo*

> *e em formas geométricas. O [nome da escola], ah o símbolo do [nome da escola] é um triângulo, ele gosta muito. Ele tem muito interesse em figuras geométricas, gosta bastante.* [Mediador]

Como pontuado anteriormente, as categorias interpretativas estão entrelaçadas de modo dinâmico, e, embora estejamos destacando a categoria *reconhecimento da singularidade,* é possível visualizar o entrelaçamento com a categoria *afetividade*. Conhecer o que o estudante gosta e considerar suas preferências e desejos faz toda a diferença no processo de aprendizagem existente no contexto escolar. É importante que cada professora/professor possa compreender o que move cada estudante afetivamente e motivá-lo a estar envolvido no processo para expansão de suas habilidades, pois conhecer o/a aprendiz e seus interesses é o ponto inicial para o estabelecimento de uma relação dialógica e para traçar o percurso do seu desenvolvimento.

Ao dar um destaque aos interesses do adolescente, o mediador mostra-se como um parceiro desse aprendiz, que busca conhecê-lo inicialmente para alcançar o melhor do seu desempenho, considerando sua singularidade e o espaço relacional com o estudante. Quando isso não ocorre, entramos em um processo de coisificação do sujeito. Logo, reconhecer as preferências, bem como o estilo de aprendizagem do estudante, que nesse caso envolve o fazer prático, possibilita a adequação de estratégias didáticas que favorecerão seu desenvolvimento nas vivências escolares. O caminho das práticas pedagógicas inclusivas envolve: 1) reconhecer os interesses; e 2) ampliar o contexto de aprendizagem a partir do que esses estudantes nos mostram, ao invés de focar nas dificuldades. Para isso, é preciso olhar para cada estudante de modo único, validando seus interesses, habilidades e buscando ampliar suas potencialidades. Sua colega de classe também destaca:

> [...] *ele gosta muito de ficar desenhando no quadro, ele adora. Ele sempre pede o piloto pra ficar escrevendo, aí ele escreve tipo... marca de várias coisas. Ele escreve, fica desenhando os continentes e... é, ele faz essas coisas. Aí às vezes ele escreve tipo Carol Mota, aí ele escreve Shopping [nome do lugar]. Ele gosta muito de formas, ele gosta muito das formas. Aí às vezes ele desenha a pessoa assim... ele adora, ele adora fazer isso. E no computador eu acho que ele gosta de ficar jogando joguinho às vezes de matéria, tipo Português* [...] *E aí quando ele tá no lazer ele gosta de ficar vendo vídeo no youtube, ficar vendo filmes, essas coisas.* [Colega]

A relação entre pares exerce um papel ativo no desenvolvimento dos sujeitos. Tanto as relações verticais, com uma pessoa de maior poder social ou conhecimento, quanto as horizontais, mais igualitárias por envolver pessoas da mesma faixa etária, exercem influência nos sujeitos e são importantes para o desenvolvimento de habilidades sociais. Na relação entre adolescentes, a qualidade das interações entre iguais e a competência social influenciam-se mutuamente. É de crucial importância destacar que isso só é possível para o adolescente autista devido ao contexto de inclusão escolar, que oportuniza o relacionamento com os pares da mesma faixa etária.

A escola é o ambiente que deve favorecer a relação entre estudantes com ou sem deficiência de mesma faixa etária e diversos tipos de interações que possam beneficiar o desenvolvimento de todas e todos. A convivência com a diversidade é positiva para todas as pessoas, na medida que as relações intersubjetivas possibilitam trocas interpessoais e aprender com o outro, que é diferente de mim, mas que também tem suas contribuições para minha existência.

A colega de Bernardo também destaca de uma forma atenciosa um olhar para suas preferências e gostos, aspecto que nos mostra que se importa em observá-lo para compreender o que lhe cativa. Conforme os diários escritos pelo adolescente, é possível perceber seu grande interesse pelas formas geométricas, aspecto também destacado por seu mediador e pela colega. Perceber esses e outros interesses que atraem o adolescente facilita a construção das relações, além de ampliar as possibilidades de troca comunicativa. Considerando que esse aspecto também é crucial no contexto dialógico e relacional, além do reconhecimento da singularidade, buscamos trazê-lo também enquanto categoria interpretativa.

Na categoria *Troca Comunicativa*, consideramos que as relações humanas envolvem um movimento comunicacional contínuo, no qual é possível compartilhar ideias e experiências com base na troca interpessoal. Comunicar envolve interpretar pistas ou informações acerca de seus estados internos (mentais e afetivos) e do outro, o que requer o envolvimento de habilidades cognitivas, para que a troca de significados exista. Uma das maiores características das relações intersubjetivas é a comunicação bidirecional, que envolve primariamente a *conexão* com as pessoas.

Ao discutirmos sobre o espectro autista, considerando as questões específicas da condição, temos enquanto desafio o desenvolvimento da linguagem discursiva. Esse desafio não afeta todas as pessoas autistas, o importante é considerar o modo único como cada pessoa se comunica e que a falta de fala não significa falta de comunicação e compreensão. Tais aspectos tornam-se relevantes para que pessoas autistas não sejam constantemente atribuídas a uma posição passiva em suas relações, pois, ao invés disso, são pessoas ativas durante todo o processo de troca, quando muitas vezes as pessoas com desafios comunicacionais precisam criar estratégias pessoais para interagir com o mundo. Ao abordarmos os aspectos comunicacionais, a mãe do adolescente destacou que

> [...] *ele é muito divertido. Na verdade, ele é divertido, já diz tudo, né? E ele diz o que ele quer, o que ele não quer, se ele tá com dor, se não tá com dor, se ele tá com fome, se ele não tá com fome, o que é que ele quer comer, o que não quer ou se ele quer sair, se ele não quer, enfim. A comunicação ficou mais fluida, né? Ficou mais fácil. Então, pra mim e pra quem convive com ele.* [Mãe]

Um aspecto importante a ser destacado a partir dessa fala é que sua mãe traz um olhar para sua singularidade considerando seu próprio desenvolvimento, ou seja, ela não tece comparações entre o adolescente e os pares da mesma faixa etária, ao invés disso foca na trajetória do próprio adolescente. Ao receber um diagnóstico, é muito comum que as famílias passem pelas fases: 1) Negação (dificuldade em acreditar no diagnóstico); 2) Adaptação (o luto pela criança idealizada é elaborado, e inicia-se o processo de adequação ao diagnóstico); e 3) Aceitação (a singularidade da criança é acolhida, e tudo passa a ser encarado com naturalidade). Cada família em seu tempo pode vivenciar essas etapas, sendo a duração em cada uma delas também variável de acordo com cada estrutura familiar.

Inicialmente, sua mãe destacou sua comunicação durante a infância e, ao abordar o contexto da adolescência, trouxe, de um modo muito positivo, aspectos que hoje são mais fáceis em relação à troca comunicativa com o adolescente. Ao abordamos a troca comunicativa, sua mãe traz enquanto aspecto que tornou a comunicação mais fluida o reconhecimento de desejos (o que quer/não quer) e bem-estar (dor, fome). De fato, diante de um contexto de relação que envolve cuidado, esses são elementos centrais. Ao nos relacionarmos com alguém, perceber o bem-estar da outra pessoa, bem como seus desejos diante de determinada vivência, nos ajuda a manter a calma para dar continuidade a troca. Se em algum momento percebemos que o outro está desconfortável sem conseguir nos sinalizar, imediatamente isso influencia na dinâmica da própria relação.

As emoções e expressões na interação atuam como reguladoras do *eu* e como pistas para a troca interpessoal com o outro. Seu pai destaca que

> *Ele já sabia ler. Eu perguntava a ele "pescoço?" ele dizia "p-e-s-c-o-ç-o" com 4 anos. Quer dizer, ele não falava mas ele escrevia, eu percebi que ele tinha uma dificuldade muito grande de falar, mas eu acreditava que escrever e ler pra ele era mais fácil do que falar.*
>
> *Na verdade, o que a gente percebe é que ele não tem os instrumentos adequados de comunicação com o outro.* [Pai]

Em sua primeira fala, referindo-se ao universo da infância, percebemos que dialoga perfeitamente com os dados encontrados nesse estudo. Nas seções anteriores discutimos o fato de o adolescente demonstrar maior preferência por se expressar através da escrita que da fala e, nesse relato, seu pai também traz esse elemento. Como discutido anteriormente, a temporalidade da escrita é outra, existe um tempo maior para pensar e planejar o que gostaríamos de expressar, diferentemente das trocas que envolvem a fala, momentos que exigem uma velocidade maior para expor o que se pensa e deseja, além da elaboração discursiva.

Ao falar sobre os aspectos da comunicação do adolescente atualmente, seu pai destaca brevemente a falta dos instrumentos adequados para comunicar-se com o outro. A dificuldade comunicacional é um desafio da condição, sendo, muitas vezes, difícil para pessoas autistas se expressarem. Nesse cenário, é preciso considerar que o corpo fala. Sorrisos, direcionamento e inclinação do corpo, sons, olhares, gestos, postura, movimentos, proximidade, distanciamento, ritmo, expressões faciais, fala. Tudo que a pessoa usa propositalmente nos mostra sua intencionalidade. Quando nós temos uma intuição a respeito de alguém, ela geralmente é baseada nas mensagens que seu rosto, sua postura e seus movimentos nos passam. Suas palavras podem ser convincentes, mas se nós sentimos tensão em seus músculos ou vemos seu olhar desviar do nosso, ficamos imediatamente alertas, pensando, o que nos faz acreditar mais nesses gestos físicos do que nas palavras que ouvimos. No contexto intersubjetivo, é importante ter atenção a todas as mensagens não faladas que a linguagem corporal transmite.

Em relação aos instrumentos de comunicação com o outro e a importância de se fazer entender no contexto das relações intersubjetivas, percebemos que o adolescente apresenta diversos desafios. O modo como expressa seus desejos buscando se fazer compreender com objetividade, a forma como tece relações entre símbolos (ex.: formas geométricas) e pessoas, que é predominantemente simbólica, e o fato de demonstrar dificuldade para explicar o porquê mediante às situações vivenciadas muitas vezes se constituem enquanto barreiras em que o outro não consegue compreendê-lo, dificultando assim a expansão da troca comunicacional. Além disso, os desafios encontrados na área de linguagem expressiva e receptiva para estabelecimento de diálogos se mostram aspectos-chave indissociáveis para o estabelecimento de uma comunicação complexa com o adolescente. Seu irmão destaca:

> *Às vezes eu pergunto as coisas também pra ele desenvolver mais essa conversação dele.* [Irmão]

Quando questionado sobre como conversam, seu irmão diz que realiza perguntas para ele *desenvolver* mais esse aspecto da conversação. Tal questão mostra que, embora em um contexto dinâmico, as outridades percebem aspectos de seu desenvolvimento que precisam ser um pouco mais estimulados e buscam fazê-lo em um contexto de vivência prática e cotidiana. É possível perceber que o adolescente autista se apoia em um repertório ainda limitado e restrito de palavras, porém, é ao longo do processo de desenvolvimento que a intersubjetividade vai assumindo formas cada vez mais complexas em interações, uma vez que a bagagem de competências da pessoa vai se ampliando.

No diálogo com o outro, ocorre o estabelecimento de um foco compartilhado de atenção por ambas as partes que desenvolvem uma conversa em torno de uma temática, seja elaborando ou respondendo perguntas, e cada pessoa compartilha suas experiências subjetivas organizadoras resultantes do contato com o outro. Nesse contexto, em que seu irmão traz questionamentos, é possível perceber que um membro da família com necessidades específicas é um fato que pode alterar a maneira como se estabelecem as articulações desses relacionamentos existentes no seio familiar.

No contexto escolar, seu mediador destaca que

> [...] *ele conversa com os meninos, ele fala, mas assim, de desenvolver de fato um diálogo, de sentar numa roda pra conversar ele tem ainda uma certa... ele não, não... ainda não faz isso, nesse sentido total, né? Quando a gente pergunta ele responde, ele fala, mas assim... ele chegar diretamente pra falar sobre*

> *determinado assunto é algo que eu sinto uma dificuldade nele ainda nesse sentido. Embora o grupo dele seja muito acolhedor e estimule muito isso porque o próprio grupo chega "Bernardinho!" e conversa e fala com ele e pergunta determinadas coisas e ele responde, a comunicação dele é... de fato é única. Ele geralmente chega no outro às vezes falando por interesses, por associação, ele associa a professora de teatro que ele adora, Elis, a um círculo. Ele diz "Elis, círculo!", não sei por que ainda mas é algo muito dele.* [Mediador]

Seu mediador destaca que, embora o adolescente inicie a troca comunicativa com seus/suas colegas, ainda apresenta dificuldade para manter um diálogo, sendo mais fácil para ele responder perguntas que elaborá-las dentro de um determinado contexto dialógico. Contudo, é possível perceber em sua fala a importância de sua presença na escola, tendo como premissa a inclusão, considerando que, sendo esta uma dificuldade do adolescente, seu grupo faz esse movimento de aproximação e acolhimento de sua subjetividade.

A intersubjetividade é fundamentada no contato social. Ela permite que as pessoas envolvidas possam mutuamente ajustar suas ações comunicativas em algum nível. No contexto de inclusão escolar, em um espaço que acolhe e trabalha com a diversidade, as possibilidades de ajustes entre as ações comunicativas dos sujeitos se ampliam de modo significativo. Participar de engajamentos sociais recíprocos nos possibilita aprender através deles, ajustando nossa subjetividade à subjetividade do outro. Isso envolve identificar o outro e a si mesmo como sujeitos da experiência. A partir disso, de modo gradativo, novos comportamentos e capacidades vão sendo conquistadas e o repertório comunicacional vai se expandido.

Conforme destacado anteriormente na análise dos diários do adolescente, foi possível identificar que sua percepção do mundo ao redor envolve o destaque de *cores* e *formas* como elementos que se sobressaem em suas vivências e observações, além do uso de associações com uma linguagem predominantemente metafórica. Há um modo de se comunicar marcado por uma profunda singularidade, como destacado no relato do mediador.

O *eu* sempre está em uma expectativa para ação/resposta do outro e, considerando a singularidade na troca comunicativa do adolescente, muitas vezes essa expectativa pode não ser alcançada, o que provoca tensões comunicacionais. Tal fator constitui a condição das posições de cada um dos sujeitos, em que a troca vai se constituindo a partir da linguagem das pessoas ali envolvidas que, de modo dinâmico, transformam, constroem e interpretam os acontecimentos que emergem. Sua colega destaca:

> [...] *depois eu fui entendendo... entendendo como ele se comunicava, entendendo o jeito dele de falar de se expressar e aí foi quando eu comecei a... tipo, me expressar do mesmo jeito, sabe? Entender e conseguir me relacionar com ele direitinho.*
>
> *Eu acho que o jeito dele, que ele não forma frases tipo... ele não fala frases extensas, sabe? Ele sempre fala coisas soltas, aí isso me chama atenção... E eu acho que ele tem um jeito de falar, sabe? É um jeito dele, muito específico.* [Colega]

No contexto escolar, as interações entre colegas permitem que atentem uns aos outros, e, muitas vezes, certos aspectos do desenvolvimento acabam despertando mais atenção. Movimentos de estranhamento e identificação acontecem o tempo inteiro nas relações, levando à aproximação ou distanciamento. Da mesma forma que o mediador destacou *"a comunicação dele é... de fato é única"*, sua colega destaca que *"ele tem um jeito de falar, sabe? É um jeito dele, muito específico"*, ambos demonstram compreender o caráter singular e único do adolescente, sem estabelecer comparações, mas levando em conta sua subjetividade. Quando discutimos diversidade e reconhecimento do outro, com diagnóstico ou não, as pessoas têm um desenvolvimento individual, heterogêneo e próprio, e esse aspecto deve ser sempre considerado.

Para que haja comunicação, é necessária a existência de códigos compartilhados socialmente, com significados e normas. Nesse contexto, a linguagem, que é um meio de comunicação social, de enunciação e compreensão, apresenta-se como elaboração e partilha de significados em um contexto com sentido. Logo, os sujeitos envolvidos na troca comunicativa atribuem significados, interpretam, constroem e reconstroem mensagens em um contexto social fluido e dinâmico, que sofre constantemente alterações de acordo com as percepções e interpretações de cada um dos envolvidos.

Na categoria interpretativa *Afetividade*, consideramos que a intersubjetividade é vivida em termos de afetos existentes nas interações. Todo o contato social entre a pessoa e seu meio existe e é mediado por afetos que ocupam o lugar de mediação nas relações intersubjetivas. Sendo assim, cada encontro com o outro, sendo único e irrepetível, pode fazer emergir algo desconhecido em que a influência do afeto tem grande importância para compreensão do contexto.

Sobre as questões afetivas atreladas ao adolescente, sua mãe destaca:

> [...] *como ele é um menino sincero, então se ele construir um vínculo, se ele gostar, ele procura, ele vai falar, ele tenta ligar, ele tenta de alguma forma se comunicar com aquela pessoa. Então a gente vê que ele procura... tem várias outras pessoas na escola, mas ele fala de Camila, fala de Julia... dos terapeutas que ele tem mais... então ele tá sempre buscando, até pessoas que já passaram, mas que ele ainda continua com a memória, ele procura através de mensagens, através de ligações.*
>
> *Ele dá cheiro, ele senta perto, ele traz alguma coisa pra pessoa vê, ele mostra, ele traz um vídeo e mostra, ele tenta se relacionar de alguma forma, mas ele chega. E principalmente o cheiro, quando ele pede pra cheirar, isso é com a avó, eu vejo com o avô. Então, as pessoas que ele tem mais vínculo ele sempre busca isso.* [Mãe]

É possível perceber, a partir da fala de sua mãe, que as relações do adolescente com pessoas que ele tem maior vínculo afetivo envolvem momentos de iniciação por parte dele e expressão de afetos. Embora se expresse de um modo muito único, o adolescente busca se aproximar fisicamente, registrar especialmente cheiros e compartilhar seus interesses, mostrando ao outro aspectos que chamam sua atenção no mundo.

É possível perceber que há intencionalidade e diferentes modos de expressão de afeto. Nesse caso especificamente, o relato de sua mãe nos mostra uma preferência sensorial, o fato de gostar de registrar o cheiro das pessoas que têm uma relação estabelecida. Este é um relato que evidencia e desconstrói uma das crenças muito comuns reproduzidas socialmente sobre o fato de pessoas autistas não demonstrarem interesse em se relacionar. É um exemplo que nos mostra um modo muito único de se aproximar, significar a troca com uma pessoa querida e aproximar-se de modo mais profundo de um aspecto único dessa pessoa, de modo sensível e atencioso para as peculiaridades de cada relação construída e solidificada para o adolescente. Isso nos chama atenção para o fato de considerar sempre o perfil individual da pessoa autista, ao perceber o modo como se relaciona com os outros e o mundo.

Seu pai destaca que

> [...] *primeiro, tem que haver repetição, então ele tem que ver aquela pessoa todos os dias. Então, ele não consegue fazer vínculos se não for diariamente* [...] *ele tem muitos vínculos afetivos no colégio. Quer dizer, o lugar onde ele tem mais vínculo é o colégio.* [Pai]

De acordo com seu pai, a presença frequente na vida do adolescente amplia as possibilidades da construção de uma relação sólida. Afetos e intenções orientam nossos comportamentos sendo formas de organização subjetiva eu-mundo. Sendo a escola um espaço de convivência diária com outras pessoas, esta contribui significativamente para o estabelecimento de vínculos afetivos. Essa participação na experiência cultural vivenciada por estudantes na escola não ocorre isolada, com o estabelecimento das relações intersubjetivas as pessoas participam sendo transformadas e transformando a partir das experiências afetivas que vivem nesse mundo extremamente dinâmico.

É significativo que o ambiente escolar seja o espaço onde o adolescente tenha mais vínculos solidificados, de acordo com seu pai. Aprender envolve em sua base a relação, sendo este espaço o local que o adolescente frequenta diariamente com essa finalidade, considerando a aprendizagem em suas diversas facetas, saber que o adolescente se sente confiado e seguro na relação com os outros e o mundo (conforme observado em sala de aula) favorece de modo muito positivo seu desenvolvimento no contexto escolar.

Seu irmão destaca que

> *Tudo que ele faz é muito bom. Ele dá um carinho, ele dá um abraço. De vez em quando ele...* [...] *Ele liga pra minha mãe, aí começou a falar com minha mãe e depois perguntou... "Edu?", aí queria falar comigo. Ou seja, um carinho. Ele se lembra quando eu tô longe... Eu tava no carro agora, indo pra cá, pra casa, e... Ele ligou pra minha mãe e no final ele falou "Edu?". Ai minha mãe tava falando que me pegou no inglês. Ele falou... "Edu?"... Minha mãe passou o celular pra mim e eu comecei a falar com ele. Quando tá viajando, ele também fica querendo falar... ou seja, ele tem um carinho na gente.* [Irmão]

É possível perceber, na perspectiva do entrevistado, que há movimentos de aproximação, carinho e demonstração de importância por parte do adolescente autista. Tais ações nos mostram um desdobramento da afetividade, que passa a ser vinculada a processos relacionais na família. Em suas relações e nos vínculos que constrói, no cerne da família nuclear, são estabelecidas interações diversas, dentre elas entre irmãos. Ao longo do desenvolvimento, a pessoa autista pode experimentar mudanças significativas com relação às suas experiências subjetivas do eu e do outro. É possível perceber, através desse relato, que o vínculo estabelecido entre os irmãos, mesmo na ausência, tem a força de influenciar o comportamento do adolescente autista para iniciar uma interação e comunicação em torno de saber sobre o outro. Nessa perspectiva, as relações intersubjetivas no seio familiar podem funcionar como alianças confiáveis e assistenciais em potencial nas diferentes situações da vida da pessoa autista.

Seu mediador destaca que

> *Ele tem uma personalidade muito afetuosa, muito carinhosa com todos, assim, por igual. Seja com menino, seja com menina. Agora ele tem os preferidos dele, a gente sabe, eu vejo todo dia, né? E solta beijo. Ele tem uma personalidade afetuosa, muito amável. Tem muita amabilidade com os colegas, com todo mundo que fala com Bernardo.*
>
> *Eu acho essa amabilidade, encantadora em Bernardo. Dele conversar... é nesse sentido. E solta beijo... Às vezes, eu tô lá fazendo alguma atividade, ele chama "Murilo!", eu digo "Oi, Bernardo!", aí solta um beijo [faz som de beijo] e faz assim pra mim, né? Então, essa amabilidade, esse carinho que ele tem com as pessoas, com o outro, é algo que é mais encantador. Eu acho bem encantador isso, esse carinho mesmo que ele cultiva nas pessoas, tanto que todos os funcionários da escola, até os colegas do ciclo dos pequeninhos no 2.º ano, a turma que ele foi lá, vez e outra tá aqui os pequeninhos e faz assim "Tio!", eu disse "Oi!", "Cadê Bernardo?", eu disse "Oxente, e tu conhece Bernardo?", "Conheço, ele já foi lá na sala", eu disse "Não acredito!", ele disse "Foi!". Então, eles... até os pequenos, né? Tem... sente até falta dele quando não vê e pergunta, por gostar dele... por esse carinho que ele cultiva em todo mundo. Então, isso é o mais... eu vejo isso como muito importante.* [Mediador]

O espaço escolar, enquanto espaço afetivo presente nesse relato, nos traz a importância da construção de um ambiente que permita aos/às estudantes o desenvolvimento de uma relação afetiva com esse espaço, para que seja acolhedor, confortável e seguro para o ato de aprender. A mediação pedagógica também é de natureza afetiva e, quando o mediador do estudante traz diversos aspectos que observa na sua relação com os outros, ele entende que tais aspectos produzem impactos afetivos positivos na relação entre o adolescente, os outros e o ambiente escolar. Ao discutirmos afetividade e o contexto escolar, é preciso considerar que quando professores e professoras conseguem estabelecer uma relação afetiva na base do processo, construindo laços de confiança, estudantes autistas mostram-se mais motivados e envolvidos para aprender. As relações que se estabelecem entre o sujeito, o objeto de conhecimento e o agente mediador são marcadas profundamente pela dimensão afetiva, com impactos subjetivos no sujeito. Seu relato desconstrói um dos estigmas muito comuns que nos deparamos quando discutimos sobre autismo e afetividade, nos trazendo exemplos práticos de demonstração de afetos com as pessoas que fazem parte de seu convívio.

Sua colega destaca

> *Eu acho que quando ele vem falar comigo e tipo... quando não tá nada acontecendo e daí ele vai falar comigo, quando ele senta do meu lado eu fico toda besta, quando ele vem, tipo, me dá a mão assim, aí ele cheira meu cabelo...* [Colega]

É possível reconhecermos demonstrações afetivas ao mesmo tempo em que o adolescente mostra ser um participante ativo de um processo sociocomunicativo, iniciando movimentos de aproximação com sua colega. Não é somente através de palavras que comunicamos que gostamos de alguém. Neste exemplo, o corpo dele fala isso em suas ações. A linguagem é importante por permitir ao adolescente comunicar, representar e expressar sua afetividade. A cultura escolar não envolve apenas conteúdos ensinados, mas as diversas práticas e trocas em sala de aula, interações, brincadeiras e relacionamentos estabelecidos. É no ambiente inclusivo, onde as relações são privilegiadas, que a/o estudante autista, junto aos pares poderá desenvolver distintas possibilidades de se desenvolver e aprender. É na troca afetiva com diferentes outridades que as experiências subjetivas vão sendo organizadas, constituindo diferentes sensos do eu/outro com base nos processos interativos.

Durante toda a entrevista foi possível perceber muita sensibilidade de sua colega. Um dado que emergiu diz respeito ao fato de ser filha de uma professora pesquisadora da universidade, cuja atuação está voltada para o campo dos estudos sobre autismo. Além disso, a adolescente destacou ter parentes com deficiência na família. Sendo assim, consideramos importante destacar que a base familiar, espaço onde a colega pôde dialogar sobre diversidade, inclusão e autismo, além do crescimento em uma escola inclusiva, como ela destacou em um outro momento, foram aspectos importantes para construção de sua subjetividade e preparo para construção de interações e relações com pessoas com condições distintas, possibilitando uma abertura maior para lidar com as diferenças.

Para além das diferenças que nos caracterizam, há outras dimensões sutis que se delineiam cotidianamente em cada relação. Diante desses e outros reconhecimentos, a diferença surge como a grande possibilidade de crescimento e expansão através da partilha e do diálogo. Quando lançamos um olhar para a singularidade, buscamos não ocultar a subjetividade do adolescente pelo diagnóstico que ele apresenta. Muitas pesquisas que envolvem pessoas autistas buscam focar apenas em aspectos considerando o diagnótisco ao invés da singularidade da pessoa. Ocultar sua subjetividade pela materialização do quadro de características do transtorno é algo que pode ser compreendido como um modo cruel de destacar o que se constituiu como diferente pela sociedade hegemônica e homogênea, dificultando as possibilidades de aprendizado e o desenvolvimento da pessoa autista junto aos outros em espaços não excludentes.

A partir das entrevistas, pudemos observar de maneira mais objetiva as perspectivas das outridades envolvidas, o que contribuiu para o reconhecimento de modos diferentes de se relacionar. Os relatos compartilhados são de suma importância para que profissionais e familiares possam compreender que o autismo é algo a mais que se incorpora à subjetividade de uma pessoa. E, como destacou seu pai:

> *O amor revoluciona.* [...] *Autismo não é uma doença como se pode estudar um diabético, um hipertenso... passar um remédio, não é. É algo que só a afetividade e o dia a dia que pode contribuir.* [Pai]

Logo, não é o diagnóstico de autismo que deve ser supervalorizado, mas sim a singularidade, as habilidades, as potencialidades de alguém, considerando que é no contexto de trocas, através das relações intersubjetivas e da afetividade com o outro, que as transformações no desenvolvimento acontecem.

## 4.4 CONTEXTO ESCOLAR

Os resultados nesta seção serão apresentados considerando duas partes, com a finalidade principal de caracterizar dimensões do corpo, do afeto e da linguagem atuantes nas relações intersubjetivas do adolescente autista na escola. Na primeira parte, apresentaremos a análise dos vídeos das aulas de *Matemática* e *Geografia*; e na segunda, descrição das observações realizadas na aula de *Artes* e no *Intervalo*. Na escola deste estudo, estudantes do ensino fundamental II transitam entre diferentes salas de acordo com cada disciplina. Dessa forma, cada aula acontece em uma sala diferente e apresenta a mobília organizada de determinado modo. Na ilustração desse cenário, serão apresentadas imagens que possibilitem uma compreensão a respeito da organização espacial e do posicionamento das outridades; além do destaque aos episódios de interação no contexto das aulas, nos quais utilizamos nomes fictícios para descrever as/os participantes da pesquisa, como em todo o estudo, de modo a preservar suas identidades.

### 4.4.1 Videografias em sala de aula

Considerando os diários e a entrevista realizada com o adolescente, em que o mesmo nos expôs seus interesses em conteúdos de Matemática e Geografia, registramos essas aulas com videogravações, além do uso do diário de campo. No total, registramos duas aulas com duração de 50 minutos cada. Nesse contexto, estavam em sala o adolescente, seus pares, sua professora, um mediador (do adolescente) e uma mediadora (de outro estudante autista). Utilizamos duas câmeras para construção dos registros: uma de contexto e uma subjetiva.

A *câmera de contexto* esteve ancorada em um tripé ao lado da pesquisadora, de modo que conseguisse registrar a sala de aula, pessoas ali presentes, a aula ministrada pela professora e a interação do grupo do 9.º ano, sendo o recorte específico do seu direcionamento para o adolescente deste estudo. A *câmera subjetiva* ficou ancorada na testa do estudante com um suporte para sua cabeça; desse modo, sua imagem nos auxiliou em uma perspectivação mais próxima da sua, captando os movimentos realizados por sua cabeça e nos mostrando para onde ele direcionava o seu olhar, além de captar sua voz, mesmo em situações em que falou mais baixo. Neste estudo, o adolescente autista assume a posição de centralidade, e consideramos de suma importância capturarmos a sua perspectiva, por isso optamos pela utilização da câmera subjetiva, além da câmera de contexto.

Nas videogravações realizadas, buscamos observar aspectos de interação, compreendendo tal conceito como toda situação na qual pessoas parceiras interacionais se dirigem umas às outras, posicionam o corpo de modo a iniciar uma troca comunicativa, trocam gestos, olhares, sons, falas e expressões, ou seja, sempre que a ação de um sujeito interferir no comportamento do outro. Dessa forma, consideramos a análise interacional e dialógica como norteadora da investigação diante do contexto intersubjetivo. Para isso, a concepção de interação adotada considera: fala, gestos, expressões, movimentos corporais, olhares, mudança de posição do corpo, sons, palavras, utilização de ferramentas, ações e adereços/objetos. A etimologia da palavra interação social traz a ideia de ação entre sujeitos. Concordamos com Passerino (2005) quando esta destaca que a interação social

> [...] é uma relação complexa que se constrói e que nela participam não somente os sujeitos envolvidos mas todo o contexto sócio-cultural ao qual pertencem, sendo evidenciada principalmente pela linguagem, pelo uso de ferramentas, pelas ações dos sujeitos e pelas significações atribuídas a todos esses elementos pelos participantes, e que constituem a intersubjetividade do contexto interacional (p. 14).

Sendo assim, os principais pontos que a caracterizam são: a existência de pelo menos dois sujeitos para estabelecer a interação; percepção do contexto; ação de um/uma participante orientada ao outro (bidirecionalidade); meio cultural compartilhado; instrumentos ou meios de comunicação (sendo o principal a linguagem).

As interações estabelecidas nos lançam pistas sobre a construção do contexto intersubjetivo. As características das interações sociais estabelecidas pelo adolescente e demais outridades presentes em sala de aula no contexto de inclusão escolar serão apresentadas descrevendo: 1) principais elementos na interação social do estudante, de acordo com os episódios videogravados; 2) o ambiente, materiais e contexto de cada episódio; 3) aspectos centrais envolvendo corpo, afeto e linguagem; e 4) como essa interação acontece, ou seja, a forma como o adolescente interage com demais outridades. Ao todo, no decorrer das duas aulas, foram registrados 46 episódios de interação, distribuídos da seguinte forma:

Quadro 5 – Episódios de interação nas aulas de Matemática e Geografia

| | PROF.ª. | PARES | MEDIAÇÃO | PESQUISADORA | TOTAL |
|---|---|---|---|---|---|
| MATEMÁTICA | 2 | 3 | 9 | 0 | 14 |
| GEOGRAFIA | 2 | 3 | 24 | 3 | 32 |

Fonte: a autora

Como consta no Quadro 5, houve mais interações na aula de Geografia que na aula de Matemática, sendo as interações com o mediador o grande diferencial entre as duas aulas. Em ambas as aulas foi possível observar mais episódios de interação entre o adolescente e a mediação que as demais outridades. As interações estabelecidas entre o estudante deste estudo com seu mediador ou com a mediadora do outro estudante foram registradas enquanto interação com a mediação, sendo apenas um episódio de interação em cada aula com a mediadora do seu colega e os demais episódios com seu mediador. Um aspecto que também merece acentuação é o número de episódios com as professoras. Demais estudantes do grupo, considerando que acompanham o conteúdo trabalhado em sala de aula, demonstraram mais episódios de interação com as professoras, participando a partir de perguntas e respondendo suas colocações. No caso do adolescente, suas interações acontecem mais com o mediador. Na aula de Geografia (segunda observação) houve interações diretas com a pesquisadora, envolvendo fala direcionada e aproximação física; na aula de Matemática (primeira observação) houve apenas diversos olhares em sua direção.

A partir disso, buscaremos ilustrar alguns episódios de interação considerados mais significativos em cada uma das aulas, sendo eles os que merecem destaque por sua dimensão qualitativa. As trocas aqui apresentadas são aquelas que indicam novidade no espaço de uma sala de aula, ou seja, tudo aquilo que indica uma tensão no contexto intersubjetivo, uma dimensão de surpresa quanto à abertura do adolescente para o mundo e os outros. Como critério para demarcar o início de um episódio, o primeiro indício de troca interacional de uma das pessoas foi considerado. Para demarcar o final, consideramos a identificação do último comportamento de um dos sujeitos. No caso de episódios em que houve uma pausa entre os momentos de interação, quando esse intervalo mostrou-se maior que dez segundos, foi considerado como um novo episódio. Dessa forma, serão apresentados alguns episódios com subtópicos, considerando as pausas existentes. Dentre todo o material coletado, foram selecionados os mais representativos de acordo com os aspectos pontuados.

#### 4.4.1.1 Aula de Matemática

Havia 14 estudantes em sala. Além do adolescente deste estudo, havia mais um estudante autista em seu grupo, e cada um desses estudantes contava com uma mediação individual. Nesse sentido, havia 14 estudantes, 1 professora, 1 mediador e 1 mediadora em sala de aula, totalizando 17 pessoas, além da pesquisadora. No dia da observação da aula, a turma estava estudando *equação de segundo grau*, conteúdo que o estudante não acompanhava e, por isso, demandava estratégias de acessibilidade que favorecessem sua participação. Na dinâmica da aula, inicialmente a professora apresentou o conteúdo para a turma, em seguida convidou estudantes para irem ao quadro solucionar problemas enquanto dialogavam sobre as questões. A professora alternava entre sentar-se junto ao grupo, contribuindo através da fala, e explicar o conteúdo no quadro. A sala estava dividida em duas partes, com cadeiras à direita e à esquerda com uma passagem pelo meio; havia grupos de quatro cadeiras por fileira, o que possibilitava aos/às estudantes estarem próximos uns aos outros, conforme o mapa exposto a seguir:

Imagem 3 – Mapa da sala de aula de Matemática

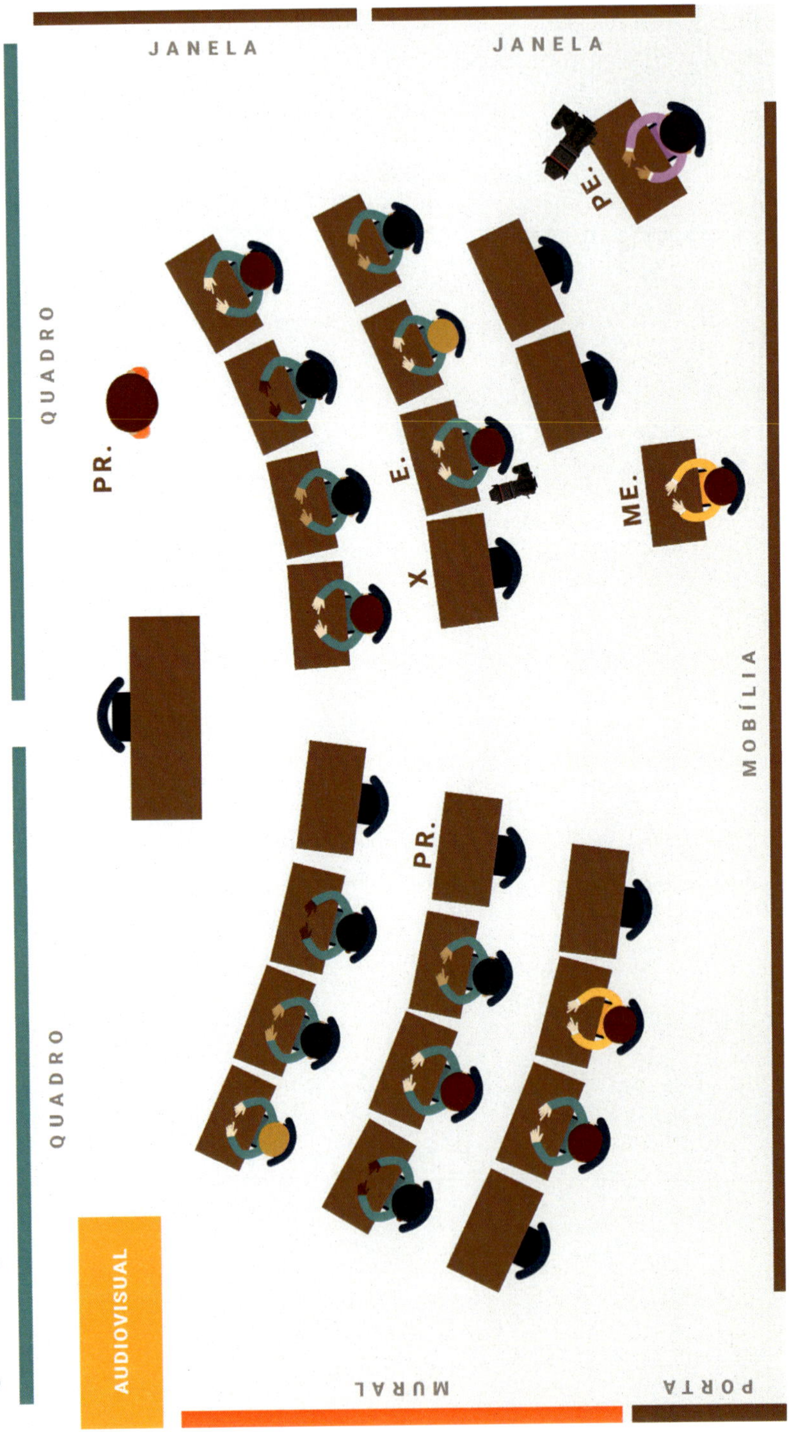


Fonte: a autora

Nesse mapa da sala de aula, *E.* representa o estudante; *PR.* a professora que se posiciona em pé frente ao grupo, mas que em alguns momentos ocupa o lugar marcado pela sigla quando estudantes estavam no quadro; *ME.* o mediador; *PE.* a pesquisadora; e o *X* representa o lugar ocupado algumas vezes pelo seu colega autista, pelo próprio estudante e outras vezes pelo mediador. Os estudantes estão de verde, mediadores de amarelo, professora de laranja e pesquisadora de rosa. A câmera de contexto está ao lado da pesquisadora em um tripé, enquanto a câmera subjetiva está com um suporte fixada na cabeça do adolescente.

## Episódio 1 – Mediador, pares e professora

*Marcação temporal: Início* – 12 min 49 s; *Fim* – 14 min 40 s; *Duração* – 1 min 51 s.

*Contexto:* A professora está na frente da sala falando com o grupo sobre o conteúdo. Os/as estudantes estão em suas cadeiras observando a aula. O adolescente está realizando sua atividade no caderno sentado na cadeira *X*, com uso de um bloqueador auditivo, enquanto seu mediador está sentado ao fundo da sala.

### Início do episódio 1.1

O adolescente levanta a cabeça e vira-se em direção ao mediador que está ao fundo da sala dizendo: "Muito bem!". O mediador continua sentado em seu lugar e aponta para a professora, que está em pé na frente da sala. Aos 12 min 53 s, o adolescente levanta-se, enquanto diz para si mesmo: "Vá lá mostrar à Kátia", caminhando em direção à professora e levando seu caderno. Ao chegar rapidamente ao lado da professora, coloca seu caderno na mesa; enquanto ela se vira em sua direção, pegando seu caderno, o adolescente diz: "Muito bem!". Quando a professora está levantando sua mão da mesa com o caderno, o adolescente se aproxima, pegando o material de suas mãos (puxando), e a professora diz: "Deixa eu ver, deixa eu ver!". Sem dizer nada, mas emitindo uma vocalização próxima à quando puxamos algo, o adolescente apoia novamente o caderno na mesa e escreve "Muito bem!", enquanto a professora aguarda sua escrita e diz: "Não, não é muito bem não, eu que vou dizer se está muito bem, sente-se ali" [direcionando seu rosto para o seu lugar]. Aos 13 min 11 s o adolescente caminha na sala em direção a sua cadeira, senta-se e começa a usar o notebook. A professora vem caminhando em direção ao seu lugar enquanto corrige seu caderno.

*[Pausa de 20 segundos: O adolescente está em seu lugar usando o notebook, enquanto a professora para em pé ao seu lado, fala um comunicado à turma e em seguida corrige seu caderno]*

## Início do episódio 1.2

Aos 13 min 34 s a professora, que está parada em pé ao lado da cadeira do adolescente, corrigindo seu caderno, diz: "Ei, você já foi para o computador?". O adolescente continua digitando e não responde a professora, que continua corrigindo seu caderno. Aos 13 min 39 s ele olha em sua direção e em seguida olha para a frente. Sua colega Ana, que está sentada bem em frente, está olhando para ele e sorrindo; o adolescente volta a olhar para o computador. Aos 13 min 48 s e aos 13 min 52 s repete o mesmo movimento de olhar para a professora, em seguida, volta para o computador e vê sua colega Ana olhando para ele e sorrindo mais uma vez. Aos 13 min 58 s a professora diz: "Homem, presta atenção..."; o adolescente olha para a professora, que se abaixa para ficar mais próxima a ele e, apontando para o seu caderno e mostrando sua atividade, continua: "... todos estão certos. Aí o seu muito bem é agora! A.M" [A.M. = Atingida a meta], escrevendo no caderno enquanto o adolescente olha atentamente, ela diz: "Parabéns!" e em seguida passa seu caderno para as mãos dele, que diz: "Muito bem!", escrevendo algo no caderno. Ela responde: "Muito bem, não precisa escrever muito bem". Ele olha para ela e diz novamente "Muito bem!"; ela gesticula que sim com a cabeça e diz "Tá!". Ele diz: "Acertou!", e ela responde: "Acertou!". Aos 14 min 18 s o adolescente se dirige a toda a sua turma, esticando seu braço direito para frente e dizendo: "Amigos e amigas! Muito bem!" [vibrando contente]. Suas/seus colegas de classe batem palmas e ele também, enquanto a professora no final diz: "tá bom, agora ele vai pra outra atividade, Murilo?" [se dirigindo ao mediador]. Aos 14 min 27 s o adolescente se dirige à colega que está sentada à sua frente e virada para sua direção desde o momento em que ele chamou pelo grupo, a mesma que havia sorrido algumas vezes para ele anteriormente; ele diz: "Ana?", ela responde: "Oi!", e ele, apontando para a professora ao seu lado que se dirige para turma nesse momento dando um comunicado, diz: "América do Sul! É Kátia!". Ana diz: "É Kátia? América do Sul?" e ele faz o gesto de "legal" [colocando um polegar para cima], afirmando que sim, enquanto ela retribui sorrindo com o mesmo gesto e em seguida vira-se para frente, mas olha mais uma vez, e o adolescente diz: “Futebol!”, fazendo gesto de “legal” com o polegar em sua direção. Ela responde: “Futebol”, ele diz: “Gol!” e ela retribui: “Gool!”, virando-se para frente em seguida.

## Reflexão sobre o episódio 1

Neste episódio, que envolve interação com o mediador, os pares e a professora, é importante destacar que todas as interações foram iniciadas pelo adolescente. A iniciação nos mostra um marcador dialógico importante, porque quem inicia o diálogo geralmente dá a direção comunicativa e é quem, de alguma forma, assume a posição de regência. Inicialmente, ao concluir a atividade, o adolescente buscou dividir com o mediador, mostrando habilidade na leitura de gestos, quando compreende a sinalização deste à distância e reorganiza seu comportamento para compartilhar a atividade com a professora.

Considerando a corporeidade, é possível destacar que o adolescente se movimenta em sala de aula com alguns movimentos bruscos (ex.: empurrando a cadeira ao levantar-se fortemente e fazendo barulho; aproximando-se corporalmente de maneira acelerada do outro; puxando o livro da mão da professora), mostrando-nos movimentos marcados de intensidade. Nossa relação com o mundo é sempre mediada pelo corpo, e nossa percepção acontece sempre de maneira integrada em um processo complexo entre o corpo e o mundo. É importante destacar que o perfil motor do adolescente nos mostra que ele se movimenta em blocos, dificuldade relacionada à motricidade ampla que também impacta sua motricidade fina. Nesse cenário, o modo como se expressa nos revela aspectos de sua singularidade que contemplam um corpo no mundo no qual as questões sensório-motoras não estão isoladas, mas se complementam, formando uma experiência unificada em conexão com a linguagem.

Embora seja perceptível a fala direcionada ao outro neste episódio, também é possível identificar momentos em que o adolescente fala direcionando a sua voz para si mesmo, como por exemplo quando diz “Vá lá mostrar à Kátia” após o direcionamento gestual do seu mediador. O adolescente fala consigo na terceira pessoa, utilizando o modo como outras pessoas falam com ele para organizar seu comportamento e dar sequência a suas ações. Na construção dos seus diários também foi possível perceber essa mesma forma de se expressar quando escreve; em alguns momentos se refere a si mesmo na primeira pessoa e em outros na terceira, utilizando especialmente frases ditas por outras pessoas para organizar suas ações, ou seja, espelha a fala do outro narrando enquanto realiza alguma ação. A palavra é repleta de sentidos e, neste caso específico, percebemos que existe uma retomada da fala do outro através da sua própria fala, assim como em um país estrangeiro quando uma pessoa começa a compreender o sentido das palavras dentro de um contexto, participando ativamente e repetindo. Acreditamos que isso possibilita ao adolescente organizar suas ideias a tornar próprio.

Do ponto de vista subjetivo e dialógico, recuperando um caminho sociogenético, foi um processo que ele desenvolveu para produzir sentido na linguagem do outro construindo, enquanto estratégia subjetiva, repetir o que ouve para si em terceira pessoa para, a partir desse movimento de ampliação, construir significado. Em uma situação de crianças que estão aprendendo a ler e, em sala de aula, a professora pede para realizar uma leitura silenciosa, em poucos instantes é possível perceber que as crianças estão lendo, mesmo que muito baixo, emitindo sua voz para construir um sentido naquilo que para elas ainda está em construção. Desse modo, percebemos essa fala do adolescente como algo intermediário entre o *eu* e o *outro*. Na troca dialógica ele busca construir sentidos para si, algo que constantemente acontece conosco no contexto social, considerando que somos seres inacabados e em constante (re)construção.

As trocas comunicativas presentes neste episódio nos mostram uma variedade de possibilidades. No contexto intersubjetivo, existe a aposta que o outro é capaz de me entender e, nesse cenário em sala de aula, estamos diante da imprevisibilidade, das diversas possibilidades do novo que podem emergir na presença das pessoas que ali estão. Inicialmente o mediador compreendeu o modo único de se expressar do estudante quando ele se virou e disse "Muito bem!". Ele não precisou dizer de modo convencional que havia finalizado a atividade. Sobre esse aspecto, quando abordamos singularidade e o contexto de sala de aula para estudantes autistas, é crucial destacar a validação do modo único como cada pessoa vai expressar-se.

O mediador apostou na habilidade de compreensão dos gestos para o adolescente à distância e este conseguiu compreender e se direcionar à professora. As delimitações estabelecidas pela professora quando ela destaca que primeiro precisa corrigir antes de dizer "Muito bem!" também são fundamentais no processo pedagógico. Para que esse estudante possa avançar, é preciso que experiencie os limites entre seus desejos e o real cenário escolar, no qual só é possível dizer seu desempenho após a correção da atividade. Essas tensões presentes na troca com os outros nos possibilitam compreender regras e reconhecer limites do outro, de modo a favorecer as relações intersubjetivas. O adolescente, ao usar "Muito bem!" para iniciar a comunicação enquanto mostra sua atividade à professora, usa algo próprio do repertório de sala de aula, buscando antecipar uma resposta do que ele pode/deseja receber da professora para validar o que ele fez. No contexto de sala de aula, é importante destacar que docentes buscam ocupar um lugar de condução próprio do campo subjetivo, situação evidenciada durante as delimitações estabelecidas pela professora na correção e na finalização das palmas do grupo, como tentativa de dar contorno à situação, aspecto importante para a formação dos/das estudantes.

No contexto dos pares, é possível perceber a empolgação do estudante em informar para o grupo que seu desempenho foi satisfatório; isso nos mostra seu interesse naquele ambiente, sua confiabilidade na presença dos/das colegas e sua alegria em poder partilhar tal situação com o grupo. A cultura escolar, os pares e o ambiente de sala de aula ocupam importantes papéis no desenvolvimento dos/das estudantes; é nesse espaço que é possível (re)construir conhecimentos a partir do contexto intersubjetivo, sendo nele que a aprendizagem e o desenvolvimento acontecem. Acompanhar tal ação do estudante nos mostra o quanto ele sente-se confiado em sua sala de aula com as pessoas ali presentes, quer mostrar o que sabe para o grupo e busca reconhecimento, fatores importantes para o desabrochar da aprendizagem no cenário coletivo em sala de aula. Neste episódio, sua singularidade e seu modo único de expressar-se nos mostram caminhos de aproximação encontrados pelo estudante para compartilhar com o grupo, expressando-se de um modo que, na maioria das vezes, acontece diferentemente com outros adolescentes.

Na troca com sua colega, é possível perceber outro aspecto crucial da sua fala, quando o adolescente utiliza predominantemente uma linguagem abstrata que dialoga com seus interesses (lugares, futebol), como foi possível visualizar nas produções dos seus diários. Contudo, ela se junta a ele em sua singularidade. Tanto na troca com a professora quanto com sua colega de classe um jogo ecolálico emerge, mostrando-nos uma dança com as palavras que conectam o adolescente ao outro. Esse jogo linguístico com regras próprias à subjetividade do adolescente nos mostra um modo de lidar com o mundo e os outros que possibilita um reconhecimento do *eu* no mundo que constrói sentidos nas trocas de um modo único. Esse exemplo, juntamente com a troca linguística com sua professora, nos mostra que a diversidade e a multiplicidade de jogos de linguagem compartilhados podem envolver aleatoriedade e cocriações que emergem a partir de uma dinâmica única e irrepetível, considerando os/as participantes da troca intersubjetiva.

Por fim, o olhar é algo que nos atravessa, sendo possível perceber que, embora o adolescente não tenha esboçado expressão facial, gestual, verbal ou qualquer tipo de troca com sua colega quando ela se virou em sua direção e sorriu nas primeiras vezes, foi possível perceber que no final do episódio uma interação foi iniciada por ele com essa colega, mostrando-nos a dimensão afetiva no contexto das trocas cotidianas na sala de aula. Nossos olhares são carregados de intenção, sendo o componente afetivo presente nesse processo e regulador do nosso comportamento, aspecto que dialoga com os olhares do adolescente para as outridades em sala de aula de modo a "conferir suas ações" para, a partir disso, organizar as suas.

**Episódio 2 – Mediação e pares**

*Marcação temporal: Início* – 15 min 42 s; *Fim* – 16 min 8 s; *Duração* – 26 s;

*Contexto:* O mediador está sentado do lado esquerdo do estudante, na cadeira X, organizando uma atividade no computador para o adolescente, que usa um bloqueador auditivo e observa atentamente as ações do mediador. A professora está na frente da sala, em pé, conversando com a turma sobre uma questão que acabou de ser resolvida.

**Início do episódio 2**

O mediador vira-se para o adolescente e diz: "Cadê o fone? Tem que pegar um fone...". No mesmo instante o adolescente responde: "Com Lúcio!" [em tom imperativo] e o mediador diz: "Vá pedir a ele...". O adolescente se vira para trás, em seguida se levanta afastando a cadeira com o corpo bruscamente [fazendo barulho na sala] e se dirige rápido em direção a seu colega Lúcio, também autista, que está sentado com sua mediadora no final da sala. Ao se aproximar, põe sua mão na bolsa que está aberta ao lado do colega e, não visualizando o objeto, diz para o colega "Lúcio, eu quero o fone", Lúcio responde, apontando para frente: "Minha bolsa tá ali!", no mesmo instante em que a mediadora de Lúcio diz: "Bernardo, primeiro você tem que pedir, não pode pegar a bolsa do colega" [fazendo gesto de não com o dedo]. Ao mesmo tempo em que o mediador, que estava em pé em seu lugar de origem, corporalmente virado de frente para o adolescente, acompanhando suas ações, sinaliza de longe "Tem que pedir a Lúcio, peça...". O adolescente, que estava parado ao lado de seu colega Lúcio, repete: "Lúcio, eu quero o fone". Lúcio responde: "Tá na minha mochila lá na frente" [apontando para frente]. Sua mediadora diz para ele: "Vá pegar...". Em seguida, seu colega Lúcio se levanta e Bernardo repete: "Eu quero o fone", enquanto o acompanha emitindo algumas vocalizações. Lúcio, que estava sentado na cadeira X anteriormente, aproxima-se da sua bolsa enquanto o adolescente, que estava sentado ao lado direito na cadeira E, empurra a cadeira com força para organizar o espaço e sentar-se [fazendo barulho na sala]. Aos 16 min 6 s, seu colega entrega um fone de ouvido em suas mãos e volta para o seu lugar.

### Reflexão sobre o episódio 2

Assim como no episódio anterior, os movimentos do adolescente no contexto de sala de aula também são um aspecto que chamam atenção neste episódio. Na relação entre sua corporeidade e o espaço, a maneira como seu corpo se move e interage no ambiente nos mostra movimentos repentinos e manuseios de objetos de modo abrupto. Nossa percepção espacial é mediada pela experiência do nosso corpo e, nesse cenário, o corpo se relaciona com o ambiente e influencia a nossa experiência espacial. Corpo e mundo estão interligados.

No contexto da sala de aula, movimentos bruscos com os objetos provocando sons interferem no ambiente e, além de nos mostrar sobre as questões motoras do adolescente e sua experiência no espaço, nos falam também sobre a leitura das regras sociais. Embora na análise dos vídeos seja possível perceber que o adolescente emita vocalizações mais baixo que em outros contextos, sendo possível apenas ouvi-las com a câmera subjetiva que estava em seu corpo, o que nos mostra uma compreensão de regras sociais relacionadas à altura da voz naquele espaço, ao movimentar-se é possível perceber que algumas outras normas ainda não apresentam significado para o adolescente, como mover a mobília provocando grande barulho em sala de aula. Tais fatores mostram que é necessário um trabalho constante, gradativo e construtivo em torno dos desafios sociais que estudantes autistas possam apresentar nesse contexto. Além de explicitar o quanto a inclusão escolar possibilita um desenvolvimento em diversas dimensões para além do pedagógico, faz-se importante considerar as regras sociais já internalizadas pelo adolescente e não eliminar a possibilidade de perceber novos aspectos que podem surgir e/ou serem expandidos a partir do contexto intersubjetivo.

Nas trocas comunicativas existentes nesse episódio, ganha destaque o tom imperativo presente na voz do adolescente. Mesmo nos contextos em que apenas responde à pergunta feita pelo mediador ou quando pede o fone emprestado a seu colega, seu discurso tem um tom imperativo. Compreendemos que existem peculiaridades relacionadas às questões sociocomunicativas que irão variar de acordo com cada pessoa autista. Desafios com inflexões, mudança de tom e de acento na voz são características específicas do modo como o adolescente se comunica utilizando a fala. O estudante também emite vocalizações em alguns momentos, contudo, é possível ouvir apenas pelo áudio da câmera subjetiva, pois no contexto de sala de aula não emite alto. Cada pessoa apresenta uma forma particular de comunicação, portanto todos os gestos, expressões e movimentos utilizados propositalmente, e não apenas a fala, são importantes marcos de sua capacidade de se comunicar.

Um outro aspecto importante é o papel da mediação nestas interações. Neste episódio, foi possível observar tanto interação com seu mediador quanto com a mediadora do outro adolescente; ambos buscaram intermediar a troca do adolescente com um par, além de estabelecer delimitações para suas ações no contexto social, contribuindo para compreensão das regras sociais. A atuação da mediação com estudantes autistas é de grande importância no processo de promoção da interação social e inclusão escolar. Por meio da mediação, estudantes podem ser levados a vivenciar situações em sala de aula que possibilitem expansão das suas habilidades. Para isso, pessoas mais experientes devem auxiliar a/o estudante nas vivências que solicitem várias etapas de resolução de problemas, possibilitando que solucione de maneira independente; ter tempo de espera para que possam compreender as informações do ambiente e responder; buscar estratégias diversas de comunicação explorando gestos, expressões e sons variados; e oferecer recursos para que os problemas com os quais estudantes se deparam sejam resolvidos.

A parceria entre mediador/mediadora e escola favorece o estabelecimento de metas possíveis no que se refere ao desenvolvimento e à aprendizagem, sendo papel da mediação acompanhar estudantes como um apoio para que possam efetivamente estar incluídos, papel este que contribui para a inclusão de pessoas com necessidades educacionais específicas, devendo ter seu valor reconhecido como importante agente de inclusão.

De modo geral, para além das interações, na aula de Matemática foi possível observar que o estudante direcionou seu olhar diversas vezes, em intervalos muito curtos, para acompanhar as ações das pessoas. Em alguns momentos, quando aguardava seu mediador organizar sua atividade, olhava em sua direção várias vezes, momento que também aconteceu enquanto sua professora estava corrigindo sua atividade. Seu olhar também foi direcionado várias vezes para a pesquisadora, o que para nós evidencia que sua presença transforma a arquitetura afetiva do ambiente. Através do olhar podemos ler o que acontece no ambiente, observar as ações das pessoas, comunicar intenção e mostrar o que nos atravessa e toca, processos que ganham uma ancoragem transformadora em diálogo com a afetividade.

#### 4.4.1.2 Aula de Geografia

Na aula de Geografia, havia 16 estudantes em sala, sendo o adolescente e outro colega autistas, ambos com suporte de mediação. Sendo assim, havia 1 professora, 1 mediador, 1 mediadora e 16 estudantes, totalizando 19 pessoas em sala, além da pesquisadora. Na aula desse dia, o conteúdo era sobre o *Japão* e a professora propôs logo no início à turma assistir um vídeo intitulado "Por que a geografia do Japão é insanamente ruim?". As atividades para o adolescente nessa aula estavam conectadas com a temática, porém, embora também fossem sobre o Japão, eram organizadas de forma acessível considerando sua compreensão e habilidade para realização. Na vivência da aula, inicialmente a professora apresentou um vídeo; em seguida, deu uma explicação em diálogo com as questões apresentadas pela turma e, posteriormente, atividade no livro. A sala estava organizada com estudantes sentados juntos, reunindo suas carteiras/mesas e formando grupos, o que possibilitava ampliação das trocas entre os/as estudantes e um contexto mais dialógico.

Imagem 4 – Mapa da sala de aula de Geografia

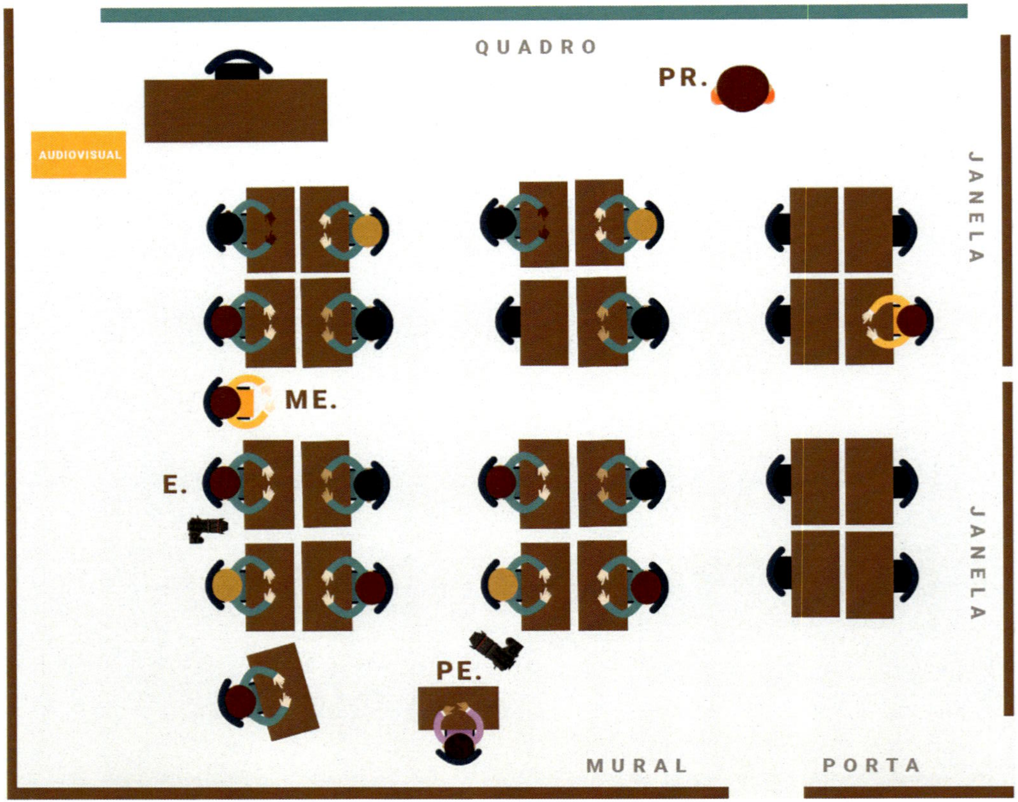


Fonte: a autora

No mapa exposto na Imagem 4, *E.* representa o estudante; *ME.* o mediador; *PE.* a pesquisadora; e *PR.* a professora, que na maior parte do tempo permaneceu em pé próxima ao quadro ministrando a aula, mas em alguns momentos circulou pela sala interagindo com as/os estudantes.

## Episódio 3 – Mediador, professora, pares e pesquisadora

*Marcação temporal: Início* – 34 min 2 s; *Fim* – 36 min 38 s; *Duração* – 2 min 36 s.

*Contexto:* A professora finalizou o momento da explicação do conteúdo e direcionou o grupo para fazer uma atividade no livro. O adolescente, que estava usando o bloqueador auditivo e o fone de ouvido conectado ao computador, permaneceu sentado na cadeira e ao lado do mediador. Ele havia terminado sua atividade na ficha sobre o Japão, mesmo conteúdo abordado em sala de aula, porém de forma acessível. Os/as estudantes do 9.º ano estavam sentados fazendo a tarefa do livro. A professora estava em pé no quadro e iniciando a escrita de uma atividade. Do lado direito do quadro passa um vídeo sobre a cultura do Japão, sem áudio; o lado esquerdo estava livre e a professora estava ocupando esse espaço.

### Início do episódio 3.1

O mediador diz para Bernardo: "Você nem falou com Rosa hoje, vai falar com ela!". O estudante que estava digitando, para e olha para ele, aproximando seu ouvido para ouvir melhor o que está dizendo. O mediador repete: "Vai falar com Rosa!". O estudante retira o fone de ouvido, levanta-se [empurrando a cadeira para trás de modo abrupto e fazendo barulho] e caminha em direção à professora. Aos 34 min 14 s, chegando próximo à professora [que estava de costas escrevendo no quadro], diz "Rosa!", ela responde "Oi, meu amor!", virando-se em sua direção. Ele chega e para ao seu lado, dizendo: "Vamos assistir os continentes do mundo?". Ela responde: "Cadê? Quais são?..." [o estudante pega o piloto] "...tu vai escrever no meu lugar, é?". [O estudante, que está com o piloto em mãos, prepara seu corpo em direção ao quadro, como se fosse escrever] Ela diz "É isso mesmo?". Ele apaga o número 1 que estava no quadro, e ela diz: "Apague... escreva aí os continentes pra mim". O adolescente começa a escrever, e a professora, parada ao seu lado, observa. Ele escreve *continentes do mundo*, com letra bastão. Ao lado dele, no mesmo quadro, passa a imagem de um vídeo sobre a cultura japonesa no modo silencioso. A professora diz: "Vá, escreva aqui tudinho..." [apontando para uma região do quadro próxima aos dois] "...ali não, ali tá passando imagem" [apontando para a parte do quadro em que um vídeo estava passando]. O estudante escreve *Carol Mota* no quadro, vira-se para a pesquisadora que está ao fundo da sala e diz "Baby Einstein Carol Mota" com entonação em inglês; aponta para a pesquisadora e em seguida volta a escrever no quadro. A professora vira-se para a turma dizendo "Depois que Bernardo colocar... Carol? É tu, Carol?", a pesquisadora sinaliza com a cabeça que sim. O estudante volta a escrever no quadro enquanto uma colega de sala diz "Ele escreve sempre Carol Mota", outra diz "Ele sempre escreve teu nome, sempre fica falando Carol chegou". A professora diz para o grupo "Depois que Bernardo contribuir pra gente aprender quais são os continentes, eu listo as perguntas, tá?". O estudante continua escrevendo no quadro.

*[Pausa de 31 segundos: A professora fala com a turma sobre as imagens que estavam passando enquanto o adolescente escreve o nome dos continentes no quadro]*

**Início do episódio 3.2**

Aos 35 min 48 s o adolescente vira-se para a professora, mostrando corporalmente que havia concluído. Ela diz "Muito bem! Cadê? América do Sul, Antártica, África..." [se aproximando fisicamente do quadro e do estudante] "...Oceania, Europa, Ásia, América do Norte... tá separado América do Sul e América do Norte, né?". O estudante fala baixinho "São sete...", virando-se para escrever algo. A professora, que continua em pé e olhando, diz "Certo..." [gesticulando com a cabeça que sim]. O adolescente vira-se para a pesquisadora e diz "Carol Mota?", que faz o gesto de "legal" do fundo da sala para ele. Ele aponta para ela e diz "Vamos ler pra Carol Mota?", vira-se para o quadro, diz "Os continentes" e começa a ler tudo que fez, acrescentando números ao lado de cada continente. "América do Sul, Antártica, África, Oceania, Europa, Ásia e América do Norte", vira-se para a pesquisadora e diz "Sete continentes". A pesquisadora faz o gesto de "legal" para ele do fundo da sala. Uma colega de classe diz "Muito bem!", ele diz "Parabéns!" e começa a bater palmas. A professora e demais estudantes também batem palmas e o adolescente pula feliz, sorrindo e dizendo "Uhul!".

Imagem 5 – Registros da escrita do adolescente no quadro a partir da câmera subjetiva

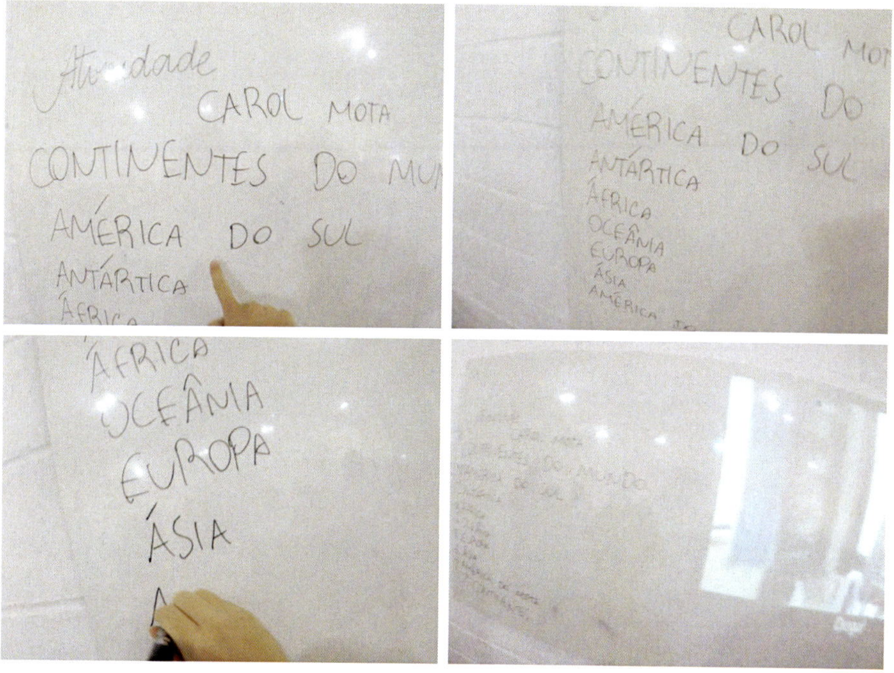


Fonte: a autora

## Reflexão sobre o episódio 3

Neste episódio, logo no início foi possível perceber que o mediador buscou estimular o adolescente a interagir com a professora em um momento adequado da aula. Este papel assumido pela mediação, de estimular o estudante a expandir suas habilidades no contexto de sala de aula considerando os desafios sociocomunicacionais, faz toda diferença, como no caso dessa interação, que emergiu de modo bastante significativo.

A estratégia pedagógica usada pelo mediador para facilitar a interação do estudante contribuiu para que este iniciasse trocas na sequência com as demais pessoas presentes em sala de aula. Sobre a mediação nesse contexto, o primeiro aspecto é que o mediador precisa se conscientizar sobre o perfil do estudante, seus interesses, suas principais habilidades e vulnerabilidades; tais pontos evidenciam o que precisa ser estimulado para que no contexto de sala de aula seja possível contribuir para que o estudante possa expandir suas potencialidades. A mediação tem um importante papel no contexto da educação inclusiva, sendo os mediadores e as mediadoras importantes agentes para garantir efetiva participação e aprendizagem da comunidade estudantil no ambiente educacional. Além do aspecto acadêmico, como no caso ilustrado, o mediador desempenha um papel crucial na promoção da interação social e na construção de relações entre estudantes autistas com a professora e seus pares, sendo um facilitador da interação.

Conforme destacado nos diários do adolescente, lugares compõem seus interesses e, ao ser estimulado a cumprimentar a professora nesse dia, buscou iniciar a interação trazendo esse campo de interesse para conectar-se àquele cenário. O adolescente demonstrou desejo em compartilhar com a professora e o grupo um conteúdo que gosta dentro do contexto da aula de Geografia; foi uma forma de se conectar, interagir, partilhar, vivenciar o cenário da aula com toda sua subjetividade, mostrando-nos o que lhe atravessa.

Um importante princípio quando destacamos a educação de pessoas autistas deve ser trabalhar a partir dos interesses de cada estudante, criando assim contextos emocionalmente significativos para a aprendizagem. Considerar os interesses e validar a iniciação desse estudante é considerá-lo ativo no processo e possibilitar que ele esteja envolvido no contexto de sala de aula, expandindo suas habilidades sociocomunicacionais e fazendo parte daquele cenário. Os interesses nos mostram o que esse estudante considera atrativo e importante, além de nos permitir construir uma *conexão*, base para expansão da interação. São os interesses que criam condições favoráveis para o processo de aprendizagem na escola.

Neste episódio, o adolescente dialoga com a realidade por meio de suas ações corporizadas (aproximação da professora, escrita, gestos e fala) demonstrando sua intencionalidade, mostrando-nos o seu modo único de construir um entendimento do mundo e se relacionar. O adolescente está em permanente interação com o mundo e com os outros, sendo suas habilidades linguísticas o recurso mais sofisticado de que dispõe para agir no mundo e interagir com seus pares. A capacidade de constituir atitudes diante do mundo e comunicá-las linguisticamente através da fala e da escrita produz um tipo muito especial de relacionamento com a vida, o meio e os outros; enfatizar essas peculiaridades é olhar para a linguagem na constituição da experiência subjetiva.

Toda variada gama de expressões (impulsos, afetos, estranhezas etc.) do adolescente neste episódio compõem sua experiência subjetiva.

Na interação com a professora, iniciada pelo adolescente, é possível perceber um modo muito particular de começar uma troca interativa. Com a professora de Geografia, o adolescente buscou tecer uma pergunta atrelada ao tema da aula, buscando aproximar-se e trocar com ela a seu modo. O *momento de ser com o outro* de uma forma singular está continuamente submetido a um processo de construção e reconstrução das relações intersubjetivas. Cada situação emerge naquele momento presente a partir da troca daquelas duas pessoas que coconstroem aquela situação.

A aprendizagem humana ocorre em um contexto relacional, seja na sala de aula, em casa ou em qualquer outro espaço. Nas relações eu-outro-mundo, cada pessoa busca configurar sua experiência por meio das significações. Sabemos da existência do desafio de pessoas autistas para se relacionar, o que exige enquanto base uma relação de confiança muito mais firmemente estabelecida que pessoas não autistas. Os aspectos regulatórios das relações podem contribuir para que os/as estudantes se sintam seguros e confiantes, o que possibilita novos aprendizados e desenvolvimento. Um dos fatores importantes neste episódio foi o vínculo com a pesquisadora, que também era terapeuta do adolescente, sendo possível identificar as interações iniciadas por ele em direção a ela. Considerando que existia uma relação entre ambos, o vínculo, a confiabilidade e a inteligibilidade pareceram oferecer ao adolescente bem-estar e conforto para iniciar a interação com a pesquisadora, além de que abertura para troca, aspecto muito positivo também identificado em outras etapas da pesquisa e que nos possibilitou acessar o estudante.

Na experiência humana, o mundo age de maneira permanente e complexa sobre nós e nós sobre ele, por isso a arquitetura afetiva em sala de aula, alterada pela presença da pesquisadora, nos mostra que a maneira como vivenciamos as situações ganha cor com a afetividade. O mundo nos afeta de diversas maneiras, trazendo novas articulações, estados e sensações que podem ser evocados como causa de reações afetivas. A arquitetura afetiva de um lugar pode impulsionar o sujeito a responder de maneira diferente do habitual, construindo novos mapeamentos semânticos, o que pode ter um importante lugar no processo de (re)construção ou transformação da experiência subjetiva.

Para o ser que percebe, na produção de sua própria experiência, a percepção é uma relação externa entre ele mesmo e o mundo percebido. A arquitetura afetiva envolve intensidades que, ao se comporem com sensações próprias, permitem a organização do eu, exatamente o que acontece quando o adolescente escreve o nome da pesquisadora no quadro e se dirige a esta em sala de aula em alguns momentos, sendo dois momentos evidenciados neste episódio. Além disso, os comentários complementares de suas colegas, que destacam que o adolescente sempre escreve seu nome no quadro, nos falam um pouco sobre seu mundo e suas ações em relação a como significa a relação com a pesquisadora. Dissertar sobre um *eu* no mundo implica considerar um corpo com intensidades próprias e o que emerge como intencionalidade na relação com outros corpos.

Na aula de Geografia, a câmera subjetiva nos permitiu acessar trocas interativas minuciosas entre os pares, aspectos que não conseguimos captar apenas com a utilização da câmera de contexto, como por exemplo o momento em que o estudante chega e se senta na mesa com um grupo de pares e seus/suas colegas o cumprimentam e trocam com ele. Muitas interações nesta aula envolveram o apoio do mediador na atividade estruturada. Considerando que a mediação busca acompanhar de perto o estudante, tal aspecto por si só amplia as possibilidades de interação com o mesmo.

### 4.4.2 Observações com uso de diário de campo

#### 4.4.2.1 Aula de Artes

Na aula de Artes, o adolescente participava com outra turma (9.º ano C), pois seu grupo vivenciava essa atividade no contraturno, período em que o adolescente realizava atividades terapêuticas. Considerando que é uma disciplina na qual este demonstrava muito interesse e bom desempenho, seu currículo foi organizado de forma acessível para que não deixasse de vivenciar esse momento. Nessa sala, havia grandes mesas para realização de trabalho coletivo, armários e pia para limpeza do material, além de material audiovisual no teto da sala. Foi realizada a observação de uma aula na qual estavam em sala a professora Vanda, a auxiliar de classe, 15 estudantes e o mediador do adolescente, totalizando 18 pessoas e a pesquisadora.

Imagem 6 – Mapa da sala de aula de Artes

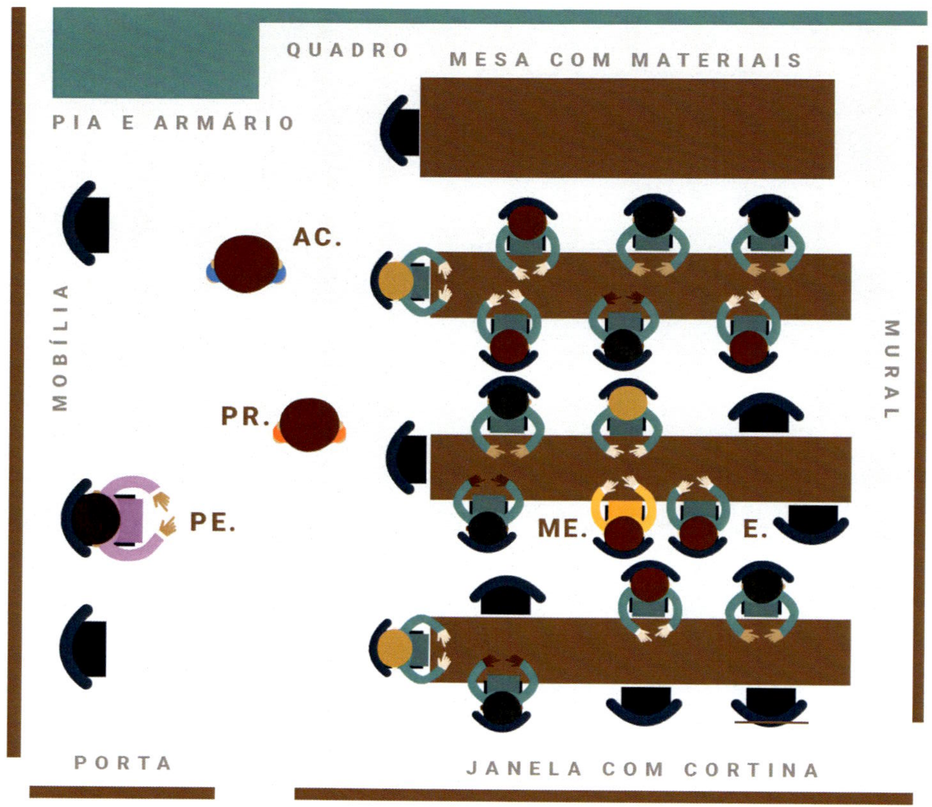


Fonte: a autora

Na imagem 6, *E.* representa o estudante, *ME.* o mediador, *PE.* a pesquisadora, *PR.* a professora e AC. a auxiliar de classe. A professora e a auxiliar de classe se deslocaram durante toda a aula, auxiliando os/as estudantes na organização do espaço e nas atividades.

O adolescente chegou na sala antes do grupo e, ao ser questionado pelo mediador onde gostaria de sentar-se, escolheu seu lugar no espaço. Possibilitar que as escolhas, mesmo que mínimas, possam ser realizadas é dar autonomia, o que amplia os espaços de decisão e promove uma participação ativa do sujeito nos processos de ensino-aprendizagem. O mediador havia preparado previamente uma atividade de Artes (ficha de leitura). O adolescente leu tudo e quando acabou disse "Terminou!". Em seguida, o mediador disse "Muito bem, agora você vai fazer uma atividade de recorte", mostrando o material da nova etapa da atividade para o adolescente que, logo em seguida, começou a recortá-la.

A professora esteve perto durante esses momentos, acompanhando, dando direcionamentos "Pintar com giz antes do recorte", e dirigindo-se ao adolescente. O papel do mediador, integrado ao da professora, faz parte do cenário da inclusão escolar, no qual ambos articulam suas práticas para promoção da participação ativa do/da estudante. É fundamental frisar que, embora estudantes autistas tenham mediação exclusiva, não estão sob a responsabilidade pessoal da mediadora ou do mediador, sendo fundamental que o professor ou a professora estabeleça uma relação com o/a estudante e esteja, também, responsável por seu processo de aprendizagem, assim como de toda a turma.

Os/as demais estudantes chegaram e ocuparam o espaço, interagindo entre si, conversando. Inicialmente, nenhum/nenhuma estudante se sentou na mesa em que Bernardo estava com seu mediador. Após um tempo, três colegas se sentaram na mesa com Bernardo, que se mostrava muito concentrado, atento e organizado, realizando a atividade de leitura e recorte. O fato de não estar em sua própria turma, na qual tem relações estabelecidas, altera bastante a própria dinâmica relacional do adolescente na sala de aula. Um aspecto que merece destaque é o fato de que as interações dos pares com o adolescente, de modo geral, envolviam mais trocas com colegas do gênero feminino.

Enquanto o adolescente fazia a atividade de recorte, ele e o mediador estavam em silêncio. Em alguns momentos o adolescente levantou-se para jogar o papel no lixo e lavar as mãos e o material que estava usando, demonstrando muita independência na sala de aula, realizando suas ações de acordo com suas necessidades, capaz de desenvolver as atividades propostas por si só.

A professora passou para turma os direcionamentos da aula e, enquanto ela falava, Bernardo começou a pintar com giz de cera fazendo muita força e barulho. A professora parou sua fala e aguardou; quando ele finalizou, ela pediu para guardar o material. Sobre esse aspecto podemos destacar duas questões importantes: o sistema proprioceptivo e as regras sociais.

O sistema proprioceptivo é aquele que nos informa sobre a posição do nosso corpo no espaço, que está relacionado com os músculos, os ligamentos e as articulações. É ele que nos permite desenvolver o esquema corporal (onde está meu corpo no espaço, como se move, quanta força é preciso fazer em cada ação). Nesta aula, a dificuldade para adequar a força com o uso do material (giz de cera) nos mostra desafios com o sistema proprioceptivo, aspecto possível de ser visualizado também nos episódios destacados nas aulas de *Geografia* e *Matemática*, no modo como Bernardo se desloca em sala levantando-se da cadeira com bastante força, por exemplo.

Além da questão proprioceptiva, o adolescente demonstra pouca percepção das regras sociais atreladas a como suas ações podem interferir na dinâmica da aula. Relacionando isso com o *episódio 2* da aula de *Matemática* destacado anteriormente, no qual é possível perceber que algumas regras sociais foram internalizadas, há um contexto ambíguo que precisa de uma constante (re)orientação para que o adolescente possa ampliar sua compreensão social dentro dos contextos de acordo com as demandas que se apresentam, sendo um trabalho gradativo que requer atenção às minúcias de cada estudante e a compreensão de que os desafios sociais existem de diferentes formas. Isso faz com que seja necessária uma construção detalhada e muitas vezes contínua diante de cada aspecto social.

A professora distribuiu os grupos nas mesas que estavam desordenadas (uma mesa cheia e a outra vazia), enquanto Bernardo seguiu cortando as figuras. Uma colega (Cecília) chegou no adolescente e falou "Bernardinho, tudo bom?". Considerando que o adolescente não estava em seu grupo, essa abertura da sua colega em sua direção foi o único momento de iniciação dos pares envolvendo um convite para o diálogo. Reiterando que acontecem mais trocas com as adolescentes, é fundamental também expandirmos nosso olhar para o contexto relacional.

O fato de Bernardo estar em uma turma diferente, que não a sua, na qual tem relações estabelecidas, reduz significativamente as trocas neste contexto. O campo relacional é um aspecto central que merece um olhar atento e cuidadoso. A construção de relações e o estabelecimento delas, bem como a abertura aos outros e a confiabilidade no seu grupo, fazem com que Bernardo esteja aberto de uma maneira distinta para as trocas. Além disso, os estigmas sociais em relação às pessoas autistas muitas vezes dificultam a aproximação de outros adolescentes que não conhecem, o que faz com que seja necessário mais tempo para essa aproximação e mediação para facilitar as trocas.

A professora apresentou um vídeo de Artes projetado no quadro no qual alunos do 9.º ano (A, B e C) encenavam alguns temas discutidos em sala. Bernardo continuou colando em sua atividade sem dar muita atenção ao vídeo. Após terminar a atividade, ficou assistindo o vídeo por alguns minutos. Após um tempo, virou-se para o mediador e disse "Quer pintar?". O mediador pegou giz de cera e ele começou a pintar fazendo um pouco de barulho, sendo possível ver mais um exemplo de sua leitura social no contexto da sala de aula, como destacado anteriormente. Enquanto os vídeos passavam, Bernardo executava a atividade, mas parava para prestar atenção quando eram vídeos de seus colegas. Observou especialmente os vídeos de seus colegas de classe e de seu irmão, o que nos mostra o marcador afetivo relacionado à sua atenção na atividade proposta.

Quando Bernardo terminou de pintar, o mediador solicitou que ele prestasse atenção ao vídeo. O adolescente assistiu um pouco e em seguida voltou para sua atividade. A aula foi concluída enquanto o adolescente intercalava esses momentos. As atividades de escrita e desenho para o adolescente são autorregulatórias e contribuem para sua auto-organização no ambiente, como, por exemplo, manter-se em silêncio durante aquele momento da aula. A partir do ambiente e da atividade desempenhada, passa a haver uma regulação interna que envolve uma habilidade de modular sua emoção e comportamento durante a aula.

#### 4.4.2.2 Intervalo

O intervalo teve duração de 20 minutos e, nesta seção, destacamos os momentos mais significativos referentes a duas observações em dois dias diferentes. Ao sair da sala e ir para o pátio, em ambos os dias, o adolescente se organizou de modo independente durante o momento do lanche, comprando o que desejava com um cartão pré-pago (carregado previamente) na máquina digital, na qual constava o cardápio em uma tela, e pegando seu pedido na cantina com pessoas que trabalham na escola. Foi possível perceber que mostrou-se independente e sem necessidade de suporte durante esse momento, que também era a pausa de descanso do mediador, o que possibilitou que Bernardo estivesse mais livre.

O adolescente permaneceu no pátio com seus pares das diversas séries do ensino fundamental II, no qual profissionais da escola observavam todo o grupo e, neste momento, não necessitava de um acompanhamento individual, pois conseguia manter sua auto-organização diante da vivência do intervalo. Após lanchar, levantou-se, recolheu o lanche, guardou-o e encheu sua garrafa de água. Guardou sua lancheira e sentou-se em um banco disponível no pátio.

No primeiro dia de observação, havia um telão no palco e a transmissão de um jogo da copa do mundo. O adolescente se sentou para assistir junto com os outros. O grupo de adolescentes estava cantando uma música de torcida pelo Brasil e batendo palmas enquanto o jogo estava começando. Embora o adolescente estivesse sentado sozinho, estava junto ao grupo para assistir. Futebol é um dos seus interesses, sendo um aspecto facilitador nesse contexto social em relação à aproximação do grupo. O espaço escolar inclusivo possibilita essas vivências com os pares, momento em que é possível observar interações, comportamentos dos outros, regras sociais e diferentes formas como as pessoas fazem uso da linguagem. Essas possibilidades para estudantes autistas são aspectos fundamentais na construção de sua percepção de si e do outro.

Ao final do primeiro intervalo o adolescente se aproximou do seu mediador, que retornou da sua pausa lhe dando um abraço e, com a mão em seu ombro, disse: "Agora tem teatro!". O componente afetivo que perpassa as relações escolares é a linha invisível que dá sentido às vivências na escola. O corpo nos mostra como significamos afetos, seja com aproximação ou distanciamento. As ações de abraçar e apoiar-se no ombro do mediador, dentro de um cenário no qual discutimos dificuldade no campo relacional, nos mostram a intencionalidade do adolescente e sua maneira única de se relacionar, além do fato de se sentir confortável com aquela pessoa, importante figura no seu processo de aprendizagem na escola. Além disso, sua fala contextualizada dentro da percepção de sua rotina e do que seria realizado em seguida, fundamental para sua orientação e auto-organização ao longo do dia escolar.

No segundo dia, o estudante havia levado uma *asa de fada* (adereço de fantasia) para escola e, após lanchar, deu-a para uma colega (Maiara). Interagiu com a colega e em seguida falou com outros adolescentes. Sua colega Maiara circulava com a asa nas costas e, após um tempo, o adolescente foi buscar o adereço e interagiu ao seu modo com os/as colegas. Se aproximou do grupo de adolescentes que estava conversando (formado por colegas e por seu irmão). Embora não estabelecesse um diálogo no momento da conversa entre o grupo, sentou-se próximo. Após um tempo, saiu de perto do grupo de adolescentes e ficou um pouco sozinho; um tempo depois, com a asa na mão, aproximou-se dos adolescentes e ofereceu a asa para Camila, que não quis, desejo que foi respeitado pelo adolescente. Ofereceu para outra colega, que colocou a asa em suas costas. Após dar a asa à colega, subiu em um lugar mais alto (escorrego de madeira), onde outros adolescentes também estavam, e ficou sentado lá, próximo aos adolescentes que conversavam, observando à distância a colega que estava com a asa se movimentando no pátio.

Quando Bernardo se aproxima do grupo de adolescentes, mesmo sem estabelecer um diálogo naquele momento, adentra na cultura desse grupo, modos de se comunicar, se movimentar e compartilhar informações. Nossos sentidos são sempre receptores ativos na construção de significados, ter a possibilidade de estar ali com uma escuta ativa, amplia sua visão e compreensão do mundo a sua volta. A percepção do espaço é moldada pela maneira como o corpo se move e interage com o ambiente. A comunicação não se limita à fala; envolve gestos, expressões faciais e outras formas de interação. Estar próximo ao grupo de adolescentes é um modo único de se conectar e interagir com os outros, pois a linguagem não é uma entidade separada da nossa experiência do mundo, mas está entrelaçada a ela.

Quando o adolescente compartilha o adereço que levou para escola com as colegas com quem tem mais vínculo no espaço amplo do pátio, é mais fácil identificá-las à distância, e as interações e movimentações dele no intervalo próximo aos pares moldam sua percepção do espaço. Entre o sujeito que percebe e o mundo percebido existem os afetos. O que atravessa esse sujeito? O que o move, o transforma, o faz vibrar? O adereço levado e compartilhado com colegas próximas nos diz sobre afetos, percepção de mundo e um modo muito particular de significar suas relações. O compartilhamento do objeto, quando a colega vestiu a asa em suas costas, possibilitou a abertura de conversas e trocas comunicativas, nas quais o adolescente demonstrou prazer e alegria. Nesse aspecto, o espaço não é apenas objetivo, no sentido de conter objetos, mas moldado pela subjetividade do adolescente, pela maneira como percebe e interpreta o que acontece ao seu redor. Nossa percepção dos outros é influenciada pela nossa própria corporeidade, sendo o corpo central na nossa experiência de mundo.

## 4.5 SÍNTESE DO TRABALHO ANALÍTICO EMPREENDIDO

A construção das ciências acontece a partir do mundo vivido, no qual buscamos neste livro destacar a experiência central do adolescente autista com a finalidade de trazer contribuições para que pudéssemos refletir e discutir sobre possíveis desconstruções de discursos construídos histórica e culturalmente acerca das pessoas autistas, repletos de estigmas e preconceitos que circundam uma criança que recebe o diagnóstico e sua família.

Conhecer um pouco sobre a experiência do nosso participante central considerando sua perspectiva, a pessoa protagonista de sua vivência única neste mundo, foi a base do nosso estudo para que pudéssemos acessar as relações intersubjetivas no contexto escolar e, consequentemente, o âmbito educacional a partir do que investigávamos. Inerentemente, vemos como ponto crucial conectado ao tema investigado pensar em maneiras diferentes para acolher e desenvolver um trabalho educacional de qualidade na perspectiva da inclusão. Como base do nosso olhar, buscamos compreender a experiência do adolescente autista no mundo em diálogo com Merleau-Ponty (1999) quando este destaca que é preciso levar em consideração que entre nós, que analisamos a experiência, e a pessoa que vive a experiencia, há sempre uma distância que deve ser considerada.

Em nossa sociedade, nas produções acadêmicas e nas práticas educativas, raramente a visão de mundo que a pessoa com deficiência e/ou neurodivergente tem de si é levada em consideração. Nesta pesquisa, buscamos trazer um destaque a esse lugar de fala, por considerarmos crucial para construção de espaços não excludentes e não capacitistas ouvir diferentes vozes para que possamos aprofundar nossa visão de mundo e aperfeiçoar nossas práticas. Muitas vezes nós nos baseamos em nossa experiência para tecer um olhar sobre a pessoa e não na experiência dela mesma, por isso aqui buscamos considerar a experiência da pessoa autista como centro do nosso olhar.

O estudo de caso aqui realizado tece suas contribuições para compreensão da subjetividade da pessoa autista e das relações intersubjetivas, apresentando aspectos que podem colaborar significativamente para compreensão de outras pessoas nessa condição. Em consonância com Valsiner (2016), este estudo parte da premissa de que o geral também está no particular, assim como o particular lança luz sobre dimensões generalizáveis para um determinado grupo. A pesquisa indica que, a partir da singularidade da vivência cotidiana do estudante autista, é possível inferir regularidades atuantes na vivência de outras pessoas autistas. É necessário se atentar à singularidade de cada estudante com a finalidade de encontrar metodologias alternativas que sejam apropriadas para o desenvolvimento de suas habilidades na escola. Mesmo não sendo o foco deste estudo, buscamos contribuir com essa reflexão.

Nos objetivos específicos buscamos caracterizar dimensões do corpo, do afeto e da linguagem atuantes nas relações intersubjetivas do adolescente autista; descrever como as outridades significativas (mãe, pai, mediador, irmão e colega de classe) compreendem as trocas estabelecidas com o adolescente; analisar, no contexto escolar, como as trocas intersubjetivas são coconstruídas na relação entre o adolescente e as outridades; e explorar como o adolescente significa as relações eu-outro-mundo e o contexto escolar.

A partir da ***caracterização das dimensões do corpo, do afeto e da linguagem atuantes nas relações intersubjetivas do adolescente***, compreendemos a importância de destacar que as fronteiras corporais são bases para as relações intersubjetivas. Sem diferença, não há diálogo. O corpo é a base da nossa experiência no mundo e da nossa subjetividade. Meu corpo é o que me abre para o mundo e nele me coloca em situação, possibilitando movimento em direção ao outro e ao mundo. A relação entre o sujeito, os outros e o mundo envolve uma realidade única atrelada à percepção de cada pessoa, na qual buscamos identificar a leitura do outro, de si mesmo enquanto sujeito individual e do mundo enquanto lugar de percepção.

O adolescente deste estudo se movimenta em sala de aula com algumas ações bruscas, mostrando-nos movimentos marcados de intensidade. A maneira como seu corpo se move e interage no ambiente nos mostra movimentos repentinos e manuseios de objetos de modo abrupto. Cada pessoa tem o contorno do seu corpo, existindo no mundo, presente no aqui e no agora. Os movimentos do corpo são naturalmente investidos de significados relacionados à percepção de cada ser humano. Seu modo de construir sentido é inseparável da subjetividade e da intersubjetividade. Para uma compreensão das pessoas autistas, é preciso reconhecer a originalidade dos movimentos que são executados, habilidades linguísticas, perceptivas, motoras e a forma que respondem ao mundo.

As pessoas estão no mundo e é por esse mundo que se reconhecem, significam e dão sentido ao que está a sua volta. O mundo é o que nós percebemos, não o que pensamos, mas o que vivemos, por isso a importância da experiência vivida e da corporeidade neste estudo, considerando a perspectiva do adolescente. As contribuições de Merleau-Ponty (1999) e de Bakhtin (1988, 1997, 2008, 2012) foram basilares para a leitura do corpo, da experiência e das relações eu-outro-mundo nesta obra. É o corpo do sujeito que possibilita a experiência direta e imediata do mundo ao redor, e essa experiência é moldada pela sua corporeidade e subjetividade, sendo importante levar em consideração suas questões sensoriais e motoras, mas não limitar-se a elas, pois é preciso um olhar para experiência. A corporeidade é uma dimensão que produz sentidos subjetivos sobre nossa existência no mundo e com as relações que estabelecemos, desta forma, ela não existe apenas como somatório de funções sensório-motoras.

Merleau-Ponty (1999) discute que o corpo é o ponto de vista de alguém sobre o mundo, logo nossa própria percepção do mundo e dos outros é influenciada pela nossa própria corporeidade. Viver uma experiência é comunicar com o mundo, com o corpo e com os outros, ser com eles. Em diálogo com a temática investigada, estudantes autistas nos mostram sobre modos únicos de expressão, nos quais seus movimentos, seu silêncio ou sua fala adquirem um sentido, sendo crucial um olhar para compreensão de sua intencionalidade.

Em relação à sua linguagem, o adolescente alterna entre se referir a si mesmo na primeira e na terceira pessoa; demonstra trazer falas de outras pessoas que se dirigem a ele em seu cotidiano, expondo o que ouviu e realizou ao mesmo tempo, nos mostrando que para organização do seu discurso muitas vezes se baseia no que o outro traz para conseguir dar continuidade à sua narrativa. Tal fator se conecta totalmente com a utilização dos verbos na primeira e na terceira pessoa. O modo como o adolescente traz as repetições de falas ou slogans indica para nós que a repetição do que ouviu e traz em seus escritos acontece de modo insólito, mas dentro de um contexto enunciativo, sensível e corporificado. O adolescente apresenta uma linguagem muito particular com a escrita, que é de muita fluidez, mas que é marcada por uma profunda subjetividade com uma experimentação radical dos signos e metáforas; uma atividade insólita para uma pessoa que tem uma relação muito singular com a linguagem.

Bakhtin, ao discutir o dialogismo em sua obra, destaca o sujeito como um agente ativo em relação ao meio, que é transformado por ele mas que também o transforma. Desse modo, toda ação humana é marcada por uma *unicidade do self* em resposta ao outro dentro de um tempo único e irreversível. No conceito de *autoria* discutido por Bakhtin (2008), o sujeito se posiciona enquanto maestro da multiplicidade de vozes que atuam no processo dialógico, que conduz as vozes que representam uma multiplicidade de consciências e seus mundos, criando e recriando, com maior ou menor autonomia. Neste estudo, percebemos que embora seja perceptível a fala do adolescente direcionada ao outro, também é possível identificar momentos em que o adolescente fala direcionando a sua voz para si mesmo na terceira pessoa, utilizando o modo como outras pessoas falam com ele para organizar seu comportamento e dar sequência à suas ações. Percebemos esta fala do adolescente como algo intermediário entre o eu e o outro; na troca dialógica ele busca construir sentidos para si, algo que constantemente acontece conosco no contexto social, considerando que somos seres inacabados (Freire, 1996), e em constante (re)construção. Nas trocas comunicativas existentes envolvendo a fala, o adolescente utiliza o tom imperativo e emite vocalizações em alguns momentos.

Embora comumente se difunda a ideia de que pessoas autistas não compreendem metáforas, a partir de suas produções escritas e trocas dialógicas é possível destacarmos que sua linguagem é predominantemente metafórica. As ambiguidades no discurso do adolescente emergem em seus diários, na entrevista e no contexto escolar. Como o adolescente em alguns momentos apresenta dificuldade de compreensão e para expressar-se, muitas vezes cabe ao interlocutor encontrar estratégias que possam auxiliar sua compreensão e/ou atribuir sentidos que se conectem ao seu repertório.

Compreender ideias abstratas no contexto dialógico mostrou-se um aspecto desafiador para Bernardo nas relações intersubjetivas. De modo geral, o adolescente demonstrou que consegue responder perguntas objetivas de forma direta e precisa, apresentando dificuldade com um pensamento analítico que nos mostre ideias mais elaboradas, envolva debates e emissão de opiniões. Os dois primeiros momentos da construção de dados, que envolveram diferentes aspectos da linguagem expressiva do adolescente, escrita e fala, nos trazem um elemento-chave a respeito da sua singularidade: o seu tempo é outro. E, neste sentido, a temporalidade comunicacional deve ser considerada na troca com o adolescente para que haja uma interlocução em sintonia com o seu ritmo.

De acordo com Jaan Valsiner, a intersubjetividade é uma parte essencial do desenvolvimento humano e assume um importante papel na construção de conhecimento compartilhado e na negociação de significados no contexto social. É a intersubjetividade que permite aos sujeitos comunicar e compartilhar suas experiências, crenças e valores, resultando na construção conjunta de entendimento e significado. A partir disso, buscamos também ***analisar, no contexto escolar, como as trocas intersubjetivas são coconstruídas na relação entre o adolescente e as outridades.*** Dois aspectos centrais ficaram perceptíveis para nós, são eles: 1) Temporalidade comunicativa e 2) Reconhecimento dos interesses.

A temporalidade comunicativa se refere ao *tempo de espera* do outro que se relaciona e endereça as questões a ele, uma vez que o *tempo de resposta* do adolescente é alargado e há a necessidade de um tempo maior para que possa responder algumas perguntas que lhe são feitas. O adolescente respondeu mais prontamente perguntas objetivas e precisou de mais tempo para formular suas respostas diante de perguntas subjetivas. O tempo e o ritmo dele são outros. O tempo de construir o significado de algo tem todo um contexto situacional, e na escola a dimensão da temporalidade subjetiva pode ser algo silenciador, considerando que o adolescente precisa de um tempo maior para responder e na maioria das interações essa espera pode não existir.

Conhecer o/a estudante e seus interesses é o início da construção de uma relação dialógica. Visto que os domínios dos mais diversos saberes estão interconectados, os interesses identificados poderão ser a ponte para a aprendizagem e o desenvolvimento. Reconhecer seus interesses contribui para o processo de construção de vínculo afetivo e da relação de confiança. Além de um olhar específico para as questões afetivas, diretamente atreladas à motivação, que emergem em diferentes espaços de sua vida e que são expressas em sala de aula, constituindo os sentidos subjetivos do/da estudante. Os interesses são pilares importantes para oportunizar momentos enriquecidos de aprendizagem a partir da qualidade das relações sociais repletas de significados para o/a estudante junto aos pares. São eles que possibilitam identificar algo em comum que pode ser compartilhado em busca de uma conexão, para que docentes e estudantes possam aprender juntos e se amplie desses interesses para novos saberes.

No contexto dos pares, durante observação em sala de aula, é possível perceber a empolgação do estudante em informar para o grupo que seu desempenho foi satisfatório ao realizar uma atividade; isso nos mostra seu interesse naquele ambiente, confiabilidade na presença dos pares e alegria em poder partilhar tal situação com o grupo. Foi possível observar que as interações estabelecidas de modo geral envolveram mais trocas com colegas do gênero feminino, nas quais as adolescentes mostram mais sensibilidade e tranquilidade para lidar com a diversidade, e que o estudante direciona seu olhar diversas vezes, em intervalos muito curtos, para acompanhar as ações das outridades. Seu olhar também foi direcionado várias vezes para a pesquisadora, o que para nós evidencia que sua presença transformou a arquitetura afetiva do ambiente. Assim como é direito, estudantes autistas devem ter a oportunidade de frequentar escolas de natureza heterogênea, ter seus interesses validados no processo e contar com a construção de um plano de desenvolvimento e ensino acessíveis, ao invés de práticas que reduzem seu potencial.

Embora os momentos de interação das pessoas autistas possam acontecer em outros ritmos, também por conta de seus desafios na área de linguagem, ao analisar as interações do adolescente, ficou bastante caracterizado na leitura dos dados para nós que um dos fatores que distingue pessoas autistas de não autistas não é o fato de não interagirem com os outros ou formarem relacionamentos, mas sim o modo peculiar como as interações acontecem.

Percebemos que embora com dificuldades de iniciar e manter a troca interacional da mesma forma que pessoas não autistas, é possível dizer que: 1) os olhares existem na observação das interações entre outros sujeitos, especificamente nos momentos em que o adolescente demonstra interesse; 2) há busca pelo suporte da pessoa mais experiente quando o adolescente precisa de ajuda; 3) há iniciação quando algo ou alguém no ambiente desperta sua atenção; 4) as trocas com palavras acontecem com mais frequência nos momentos em que mostra-se motivado e interessado em compartilhar algo dentro do seu campo de interesse.

Desse modo, é possível perceber que há intencionalidade e que os interesses são a chave para prolongar as interações e sua comunicação. Seguir seus interesses para ampliar a partir deles as áreas em que existem desafios em contexto dinâmico é o caminho mais apropriado para contribuir com o desenvolvimento sociocomunicacional no contexto escolar e demais contextos. De modo geral, cada pessoa apresenta características próprias, um modo particular de se relacionar com o mundo social e marcas singulares de nossa constituição enquanto sujeito. Considerando que cada sujeito é único, as implicações sobre seu desenvolvimento também serão únicas.

Na descrição de ***como as outridades significativas compreendem as trocas estabelecidas com o adolescente***, percebemos a importância de ouvir diferentes vozes para compreender o reconhecimento de modos diversos de se relacionar com ele e de percebê-lo em diferentes espaços, especialmente domiciliar e escolar. A partir dos dados, emergiram três categorias interpretativas que devem ser consideradas nas relações intersubjetivas com pessoas autistas: 1) *Reconhecimento da singularidade*; 2) *Troca comunicativa*; e 3) *Afetividade*.

Consideramos que as unidades de análise, tensões comunicativas e coconstruções de significados emergentes, junto a essas categorias, nos auxiliaram/auxiliam na compreensão da qualidade das relações com o sujeito e que sem elas não há relação intersubjetiva. O *Reconhecimento da Singularidade* é o ponto de partida para compreensão sobre o modo como a pessoa é vista pelas outridades; a *Troca Comunicativa*, considerando que as relações humanas envolvem um movimento comunicacional contínuo, é o espaço no qual é possível compartilhar ideias e experiências com base na troca interpessoal; e a *Afetividade* é o motor que impulsiona a cognição, sendo a intersubjetividade vivida em termos de afetos existentes nas interações e todo o contato social entre a pessoa e seu meio mediado por afetos que ocupam o lugar de mediação nas relações intersubjetivas. A entrevista com as outridades significativas foi uma decisão acertada por nos possibilitar conhecer como percebem o adolescente, aspecto crucial para compreensão das relações existentes.

Na análise sobre ***como o adolescente autista significa as relações eu-outro-mundo e o contexto escolar***, percebemos que as outridades emergentes em sua narrativa escrita são as que fazem parte do seu cotidiano; que o adolescente tece relações singulares e significa de forma particular as pessoas com quem se relaciona (ex.: utilizando formas geométricas ou nome de lugares para se referir às pessoas); e que tem um fluxo de pensamento repetitivo em relação a algumas vivências, não sendo possível perceber de modo explícito em seus relatos um destaque de detalhes não descritivos das outridades, nem qualificação quanto às suas vivências, na maior parte das situações, ou um recorte que inclua as emoções ou como se sentiu em determinado contexto.

Quanto à sua escola, o adolescente demonstrou reconhecimento das pessoas com quem se relaciona no contexto escolar, bem como os papéis ocupados por cada pessoa, além de expor conteúdos preferidos em suas produções relacionados às disciplinas de Matemática, Geografia e Artes. Tais fatores foram percebidos quando o adolescente foi questionado sobre professores/professoras das disciplinas e pares na entrevista, nas relações estabelecidas a partir da videogravação e na observação em sala de aula. Os diários apontam para o lugar de uma memória mais expressiva e afetiva voltados para a antiga mediadora, ou seja, que ela ocupa um lugar intersubjetivo mais intenso ou mais elaborado na relação com o adolescente que o mediador do período do estudo. Na entrevista o adolescente demonstra bastante compreensão sobre o papel do mediador atual, ao mencionar que o seu mediador ensina a fazer tarefas e usa tecnologia (aspecto percebido durante as observações e videogravações em sala de aula).

Nas observações videogravadas, houve mais interações na aula de Geografia que na aula de Matemática, sendo as interações com o mediador o grande diferencial entre as duas aulas. Em ambas as aulas foi possível observar mais episódios de interação entre o adolescente e a mediação que as demais outridades. Um aspecto que também merece destaque é o número de episódios com as professoras. Os/as demais estudantes do grupo, considerando que acompanhavam o conteúdo trabalhado em sala de aula, demonstraram mais episódios de interação com as professoras, participando por meio de perguntas e respondendo às suas colocações. No caso do adolescente, suas interações aconteceram principalmente com o mediador.

A partir da síntese dos dados mencionados, de acordo com os objetivos específicos desta pesquisa, consideramos importante ilustrar as dimensões afetivo-dialógicas do campo intersubjetivo na escola e a singularidade intersubjetiva no contexto escolar.

Diagrama 2 – Dimensões afetivo-dialógicas do campo intersubjetivo na escola

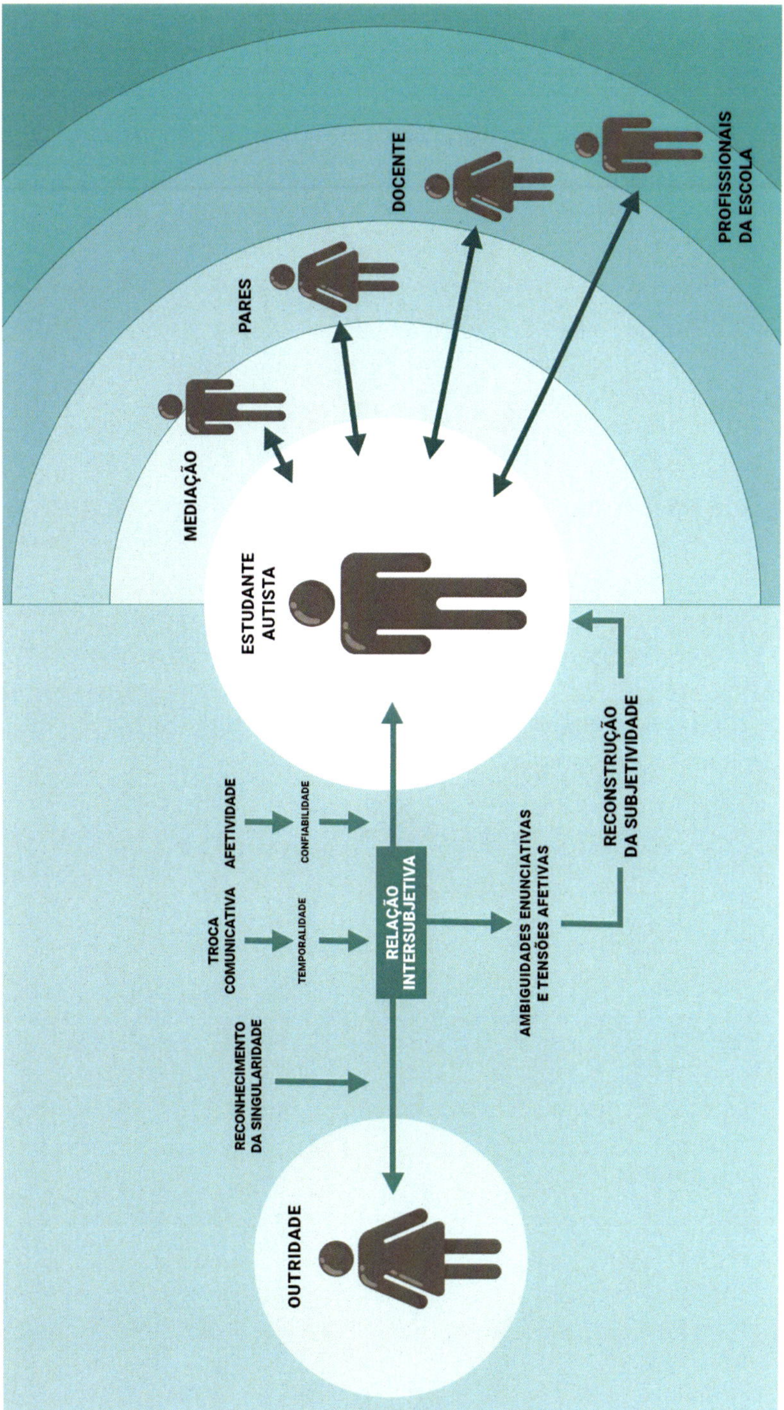


Fonte: a autora

Neste diagrama, do lado direito buscamos expor a proximidade das relações estabelecidas pelo adolescente, das quais a relação com o mediador é a mais próxima, seguida pelos pares, docentes e demais profissionais da escola. Do lado esquerdo, ampliamos a relação intersubjetiva com uma outridade e os aspectos relacionados, considerando as três dimensões diretamente conectadas à qualidade das relações com o sujeito sem as quais a relação intersubjetiva não existe: *reconhecimento da singularidade, troca comunicativa e afetividade.* Na troca comunicativa, é preciso um olhar atento para a *temporalidade* da pessoa autista, com a finalidade de entrar em sintonia na troca considerando o tempo de resposta da pessoa, muitas vezes é importante um tempo de espera por parte do outro. No contexto afetivo, considerando a relação com a pessoa autista, um aspecto que merece importante destaque é a *confiabilidade.* A relação de confiança precisa estar na base do processo para possibilitar expansão das trocas dialógicas. No contexto relacional, emergem as *ambiguidades enunciativas* e *tensões afetivas,* próprias da troca intersubjetiva. A partir dessas ambiguidades e tensões na troca com o outro, a pessoa reconstrói sua subjetividade. É na troca com o outro que nos (re)construímos, sendo a afetividade e a confiabilidade centrais no campo relacional. Ambiguidades, nas quais podemos perceber mais de um sentido sendo expresso, junto às tensões (contrastes) que sempre irão emergir nas relações, possibilitam ao sujeito se (re)constituir de modo singular.

Diagrama 3 – Singularidade intersubjetiva no contexto escolar entre docente e estudante autista

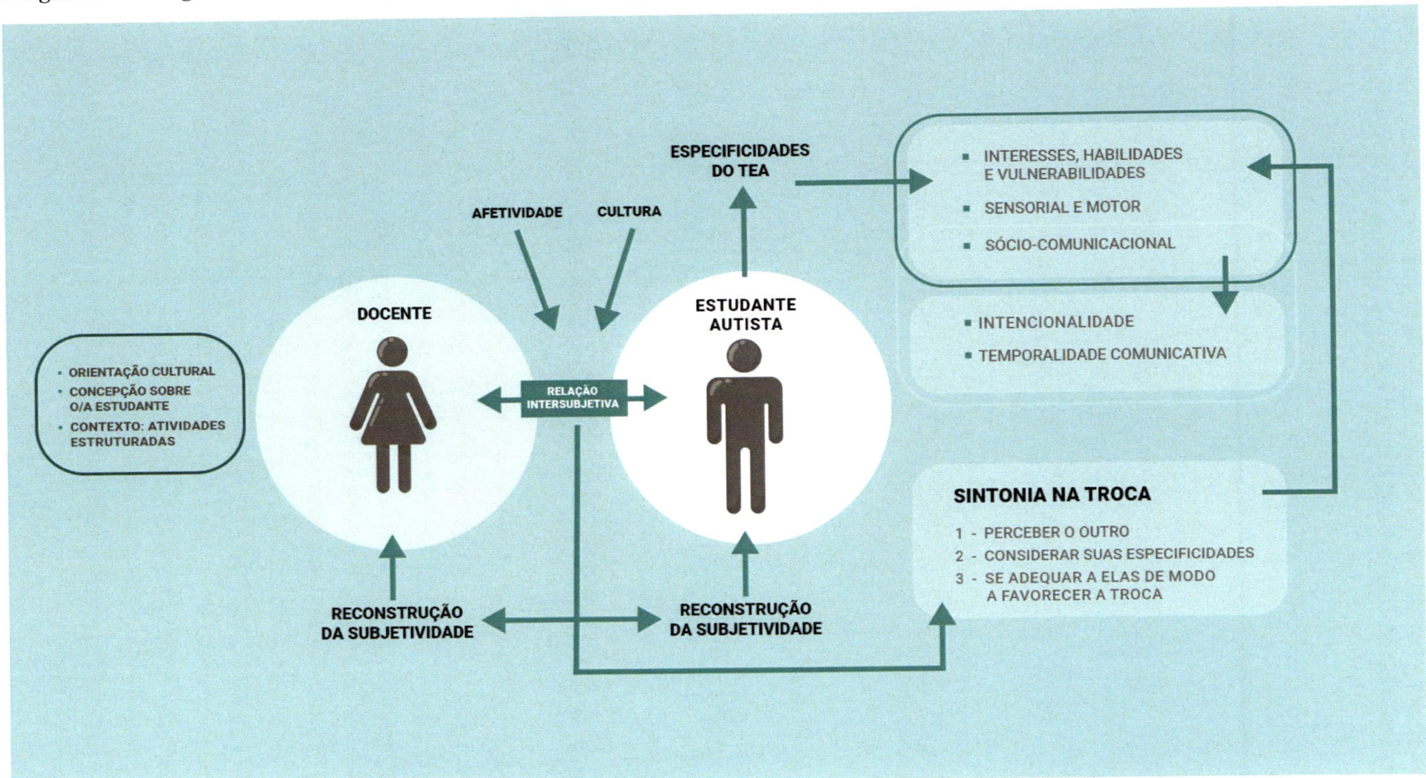


Fonte: a autora

No Diagrama 3, buscamos ilustrar especificamente a relação intersubjetiva entre docente e estudante autista. Primordialmente, é preciso reconhecer as especificidades do/da estudante relacionadas à sua subjetividade e condição, considerando *interesses, habilidades, vulnerabilidades; questões sensoriais, motoras* e *sociocomunicacionais*. No cenário da comunicação, é necessário dar uma atenção específica para a *intencionalidade* e a *temporalidade comunicativa* na troca com a/o estudante. O/a docente traz consigo para a relação sua *orientação cultural*, a *concepção sobre a/o estudante*, modo de enxergá-lo para além do diagnóstico, e um contexto de *atividades estruturadas* que permeiam o espaço escolar. Na *relação intersubjetiva*, é preciso que o/a docente encontre a *sintonia na troca* com cada estudante se orientando para: *1) Perceber o outro; 2) Considerar suas especificidades; 3) Se adequar a elas de modo a favorecer a troca*. Nesse contexto, encontramos mais possibilidades para expansão da troca dialógica com conexão, motivação, envolvimento, participação nas atividades propostas e *reconstrução da subjetividade de ambos*, docente e estudante, a partir do processo relacional.

A concepção que professores, professoras, mediadores, mediadoras e demais profissionais do âmbito educacional têm sobre os/as estudantes, ou seja, o que pensam ou acreditam a respeito das suas potencialidades, direciona as ações pedagógicas em sala de aula e no espaço escolar. É a partir dessas concepções que as escolhas sobre o pensar, sentir e agir são tomadas. Se o/a estudante é visto como alguém que não aprende, então não haverá expectativas sobre seu processo e nem se buscará pensar em caminhos ou reformular, ou seja, existe uma barreira atitudinal que impede o desenvolvimento do processo de ensino/aprendizagem.

É preciso presumir competência, acreditar que a pessoa autista é capaz de aprender. Em um contexto diverso, docentes têm oportunidades ímpares de aprender na sua relação com estudantes, na vivência, na reflexão sobre suas práticas e na reformulação em direção a uma proposta que contemple diferentes modos de ensinar. As respostas para o processo de ensino e aprendizagem só podem ser conhecidas quando quem ensina conhece quem aprende – compreendendo como essa pessoa percebe, significa e se comunica, mesmo em silêncio ou através de maneiras não convencionais de se expressar. Acreditamos que o sujeito que aprende não é um mero receptor de conteúdo, mas sim um participante ativo com inúmeras possibilidades de expandir suas habilidades, sendo necessário que se encontre um caminho apropriado, com reformulações didáticas acessíveis, para favorecer o seu processo.

5

# CONSIDERAÇÕES FINAIS

Com base na perspectiva dialógica, na pesquisa realizada nesta obra para construir dados empíricos o principal objetivo foi analisar as especificidades comunicativas e interacionais da dinâmica intersubjetiva eu-outro-mundo, no contexto escolar de um adolescente autista. De modo geral, percebemos que o ponto de partida para qualquer estudo qualitativo que envolva pessoas autistas deve ser considerar a perspectiva única da pessoa, seu modo único de ver o mundo, se relacionar, comunicar, seus interesses, habilidades e vulnerabilidades.

Considerando o espectro autista e a ampla variedade de possibilidades dentro de cada aspecto específico do desenvolvimento das pessoas (sensorial, motor, interacional, comunicacional e emocional), não considerar a subjetividade pode levar ao erro da generalização de que todos os casos que envolvem um mesmo diagnóstico são idênticos.

Neste estudo, a relação sólida e construída ao longo do tempo entre a pesquisadora e o adolescente favoreceu o acesso às questões investigadas, considerando que a confiabilidade esteve presente nas diversas etapas da construção dos dados, possibilitando ao adolescente um lugar de conforto, tranquilidade e segurança na troca. Em ambas as aulas videogravadas foi possível perceber trocas com a pesquisadora, sendo primordialmente de olhares na aula de Matemática e envolvendo fala, direcionamento e aproximação física afetiva na aula de Geografia (ex.: aproximar-se e pedir para cheirar seu cabelo ou escrever seu nome no quadro e pedir para ler a atividade em voz alta para a pesquisadora após ter concluído). Além desses episódios, nos diários, nas entrevistas com outridades e com o próprio adolescente, a relação com a pesquisadora emerge de modo significativo, confirmando nossa hipótese de que a solidez da relação construída ao longo do tempo facilitaria as etapas da pesquisa, permitindo-nos acessar o participante.

Consideramos importante destacar que nos deparamos com uma realidade privilegiada, que difere de muitas outras realidades de pessoas autistas quanto às condições socioeconômicas do adolescente e de sua família, em um contexto escolar no qual poucas pessoas têm acesso na atual realidade que vivenciamos no Brasil, com terapias, assistência ampla e todo suporte necessário relativo à qualidade de vida do nosso participante central.

A psicologia cultural e dialógica, enquanto abordagem norteadora desta discussão, contribuiu significativamente com nosso olhar para compreensão dos aspectos complexos aqui presentes, ampliando os estudos sobre singularidade intersubjetiva. Por meio desse campo, percebemos que é possível compreender como as pessoas autistas percebem a si mesmas e significam o mundo ao redor.

A pesquisa realizada trouxe contribuições para compreensão da subjetividade e intersubjetividade do adolescente autista, aspectos sobre sua singularidade que podem contribuir com outras realidades que se aproximem da sua, com um recorte mais específico e aprofundado para o contexto escolar. A partir do entendimento do autismo como uma condição neurodesenvolvimental que impacta, de diferentes modos, as questões de interação social, comunicação, emocionais, comportamentais, sensoriais e motoras, é importante destacar que cada pessoa autista apresenta caminhos de desenvolvimento diferentes do convencionalmente entendido como desenvolvimento típico. O foco no déficit, no diagnóstico, naquilo que falta nas pessoas, são aspectos que rotulam e promovem a marginalização e estigmas, ou seja, o diagnóstico passa a ocultar a identidade da pessoa. Familiares, profissionais e sociedade precisam compreender que o autismo é algo a mais que incorpora a subjetividade de alguém, não sendo o diagnóstico que deve ser supervalorizado, mas sim as singularidades, as potencialidades.

Em termos de metodologia, um desafio existente para nós foi a interpretação da linguagem metafórica utilizada pelo adolescente em contexto dialógico, na qual buscamos ter toda cautela para não "falar por ele" ao buscar interpretar suas colocações. Considerando os limites existentes nesse campo, consideramos importante frisar que por conta do grande volume de dados existente, não foi possível inserir mais outridades que também consideramos que seriam participantes importantes nas entrevistas, como as professoras e mais uma colega de classe. Contudo, acreditamos que a continuidade dos estudos na área possibilita a realização de novas pesquisas para ampliar ainda mais os conhecimentos nesse âmbito.

De acordo com os limites existentes no recorte deste estudo para se aprofundar em uma realidade específica, compreendemos que algumas questões podem ainda ser respondidas em estudos futuros, como possibilitar um aprofundamento na relação intersubjetiva com o/a mediador/mediadora e/ou com os pares, considerando que as percebemos enquanto relações mais próximas no contexto escolar; uma investigação mais específica entre a dinâmica relacional com o/a docente em sala de aula; buscar compreender como estudantes autistas perspectivam o espaço escolar e as relações existentes nele etc. Esses são caminhos possíveis para expansão dos conhecimentos nesse âmbito. Ao concluir este livro, faz-se importante reconhecer os limites e as possibilidades, bem como a necessidade de ampliação dos estudos nessa área e da contribuição desta para o campo da psicologia cognitiva, cultural, para educação e o espaço escolar.

De acordo com grande parte do material bibliográfico consultado e da compreensão que, ao longo do processo histórico-cultural em relação à educação de estudantes autistas, abordagens comportamentais e práticas excludentes ganharam um espaço significativo, não podemos deixar de destacar nossa visão sobre estes aspectos. Compreendemos que a educação é muito mais que treino de comportamento. Estudantes autistas não são meros receptores passivos de conteúdos, embora algumas práticas observem o estudante desse modo; sob o olhar do outro, muitas vezes aprendizes podem ser objetificados, não sendo vistos como pessoas.

Essa perspectiva reducionista desconsidera a riqueza da experiência vivida e da subjetividade humana. Ao invés dela, acreditamos 1) que os/as estudantes autistas são ativos na construção de significados e de conhecimentos; 2) em uma abordagem holística, na qual o corpo não é apenas uma máquina, mas também é a base de nossa percepção e compreensão do mundo; e 3) que as relações são a base do processo de aprendizagem. Abordagens tradicionais, nas quais nos deparamos com uma visão reducionista, não conseguem acessar a complexidade da experiência corporal vinculada a subjetividade por focar apenas no comportamento. Nelas percebemos muitas limitações para compreender a experiência das pessoas autistas, por se concentrarem em análises superficiais e fragmentadas da nossa experiência no mundo.

Na escola deste estudo, nós nos deparamos com um contexto educacional inclusivo, dialógico e dinâmico, no qual o adolescente contava com mediação exclusiva, atividades acessíveis, acesso à material específico para suas necessidades enquanto recurso da escola (ex.: notebook), acessibilidade curricular etc., aspectos muito significativos no seu processo de aprendizagem. Contudo, mesmo não sendo o caso da escola deste estudo – que merece destaque por sua prática no contexto de inclusão diante do tema investigado –, a partir do acesso ao material bibliográfico e discussões que envolvem o contexto escolar para estudantes autistas, é importante destacarmos que é um contexto que se diferencia da maioria das escolas.

A atual configuração da maioria das escolas brasileiras nos mostra a necessidade de repensarmos práticas pedagógicas tradicionais nas quais estudantes autistas são vistos como passivos no processo de aprendizagem e que acontecem com foco específico em seus comportamentos, não olhando para sua singularidade. Sendo a escola um espaço inclusivo, deve ter salas heterogêneas, contemplar uma estrutura adequada e possibilitar trocas enriquecedoras com os grupos de diferentes níveis de desenvolvimento trabalhando juntos, apropriando-se dos conhecimentos construídos.

Inclusão envolve singularidade. É fundamental contribuir para que estudantes e docentes possam compreender as diferenças desenvolvimentais existentes na diversidade humana e proporcionar capacitação para que profissionais possam desenvolver transformações, valorizando as diferenças e sendo agentes ativos de mudanças. Considerando a complexidade da discussão envolvendo o contexto escolar e a condição dos/das estudantes, priorizar parcerias entre as áreas de saúde e educação, buscando propostas de cooperação e capacitação para superar lacunas existentes no espaço escolar, é um fator crucial.

Somos diferentes enquanto seres humanos, mas quando consideramos o espectro autista, além das pessoas serem diferentes como todas as outras, há singularidades que devem ser reconhecidas, respeitadas, estudadas e acompanhadas com sensibilidade por profissionais da escola para que essas pessoas não sejam excluídas e sim haja um caminho de comunicação que possa favorecer e promover sua aprendizagem e seu desenvolvimento. Cada pessoa autista é única. O autismo não ocupa carteiras nem frequenta aulas. Frente aos professores e às professoras, não é o autismo que está nas escolas. O que está na escola *são estudantes* com suas histórias, interesses, frustrações, desejos, habilidades e vulnerabilidades – cada um com sua subjetividade, sendo parte de sua condição o autismo.

Os desafios da educação inclusiva atualmente estão relacionados a uma revolução nos modos de olhar e perceber cada estudante com sensibilidade; nos modos de interagir e construir novas práticas educativas pautadas no respeito às diferenças próprias de cada estudante e que perceba cada pessoa como ativa em seu processo de construção do conhecimento; no modo de considerar as questões afetivas e relacionais existentes no processo de aprendizagem; modificando as formas tradicionais de olhar, passando a encorajar os/as estudantes a valorizar as diferenças enquanto forma de se humanizar e pertencer.

O cerne do processo de aprendizagem são as relações intersubjetivas. O espaço educacional precisa ser rico de ações pedagógicas dialógicas, em que as relações sejam prioridade e o reconhecimento do outro não seja reduzido ao seu funcionamento ou aos seus saberes. É necessário conceber um espaço em que o conhecimento se construa de forma significativa para cada pessoa, respeitando os diferentes modos de aprender e se desenvolver; onde as diferentes habilidades e vulnerabilidades de cada pessoa sejam respeitadas e trabalhadas; e a coletividade compreenda e contribua para isso. Nesse espaço, a avaliação não deve ser para mensurar ou classificar, nem o ensino uma ação de controle do outro, mas sim com foco no processo único de cada pessoa; uma avaliação processual que busque acompanhar como o/a estudante está se desenvolvendo dentro de sua *trajetória única de aprendizagem*, que possibilite refletir sobre que caminhos podem favorecer essa aprendizagem de modo significativo.

Pensar na reformulação de espaços educacionais requer almejar ambientes no qual predominam olhares sensíveis para as singularidades dos/das estudantes e ricos de práticas dialógicas, preenchidos de significados a partir de experiências vivenciadas, em que as relações intersubjetivas são privilegiadas e a convivência e os interesses dos/das estudantes norteiam o processo. Refletir sobre ações educativas do que almejamos deve ser visto como responsabilidade de toda a comunidade escolar, e não apenas de docentes, pois a inclusão se constitui como uma prática coletiva da qual todas as pessoas são participantes ativas nessa construção.

Pensar uma escola constituída de práticas pedagógicas dialógicas, inovadoras e não excludentes é possibilitar que os/as estudantes participem, convivam; é olhar para suas habilidades e áreas que precisam de um maior desenvolvimento sem focar em práticas conteudistas; é buscar tecer conhecimentos em meio a pilares inclusivos, cooperativos e solidários, em que uns aprendem com os outros dentro de cada ritmo único. Isso requer comprometimento e disponibilidade de toda comunidade escolar para transformar, de modo que seja um espaço prazeroso para cada aprendiz e não conectado a sentimentos de fracasso, exclusão, preconceito e capacitismo. As transformações são urgentes e precisam acontecer de modo consciente, em que se saiba o porquê desejamos mudar e fazer diferente.

Neste livro, acreditamos que é de extrema importância a sensibilidade de educadores e educadoras, que devem buscar olhar para a pessoa autista de modo global, objetivando compreender como se sente; quais situações emocionais impactam seu comportamento e participação; quais suas competências e dificuldades; o que facilita a interação/comunicação/participação/relação com essa pessoa; entre outros, pois a não percepção e compreensão da pessoa autista implica a diminuição da possibilidade de vínculo, trocas interacionais e comunicativas.

De modo geral, a pesquisa realizada nesta obra me acrescenta significativamente enquanto formadora que atua com pessoas autistas e profissionais que atuam na perspectiva educacional e clínica, expandindo meu olhar, bagagem educacional e cultural, aspectos teóricos e práticos. Enquanto ponto central, o fato de buscar adentrar nessa realidade, aproximando-me dela na tentativa de compreender a experiência única do participante central no mundo, acrescenta à minha vivência enquanto profissional e, primordialmente, enquanto ser humano inacabado. Aprender mergulhando em uma dada realidade que é única, inexistente previamente e posteriormente, me proporcionou uma imersão singular, jamais concebível em outro tempo e espaço, que me fez crescer.

Para as escolas, dizer que não há um preparo para a diversidades do alunado não cabe como justificativa. É preciso que os espaços se debrucem em estudos, pesquisas e formação continuada para as/os profissionais com a finalidade de construir estratégias e metodologias que alcancem os/as estudantes neurodivergentes. Na educação, considerando o contexto plural e dialógico, nunca estaremos totalmente preparados, sendo importante buscar sempre alternativas para as novidades que vão emergir. Visando sempre uma educação não excludente, é preciso pensar em práticas educacionais que favoreçam o desenvolvimento e a aprendizagem do/da estudante autista considerando sua singularidade.

O caminho para as práticas que almejamos é focar nas potencialidades, e não nas vulnerabilidades; é reconhecer a pessoa autista como sujeito que aprende e criar condições para que possa florescer em sua singularidade. Ninguém sente, percebe ou interpreta o mundo da mesma maneira que o outro. Podemos estar expostos aos mesmos acontecimentos, mas cada pessoa vai produzir significados particulares de acordo com sua regulação afetiva. As diferenciações na construção da subjetividade acontecem por conta do contexto intersubjetivo. Em outras palavras, sem a cultura não há subjetivação. É no fluxo das experiências vividas no meio cultural que se entrelaçam o mundo externo e o universo interno, e, nesse movimento contínuo, pessoas e seus mundos se tecem e se transformam.

Como contribuição científica, acreditamos que o estudo aqui desenvolvido lança luz sobre questões que podem expandir o olhar de profissionais e familiares no contexto relacional com pessoas autistas, assim como inspirar novas práticas educacionais junto a estudantes no ambiente escolar. Que este livro, de algum modo, possa contribuir para desconstrução de estereótipos e abrir caminhos para a construção de relações mais humanas, respeitosas e verdadeiramente inclusivas. Que ele encoraje docentes, mediadores e mediadoras no exercício de sua profissão com estudantes autistas com mais sensibilidade, escuta e presença. Que espaços de aprendizagem onde toda turma possa aprender de um modo diferente possam nascer, sempre com respeito ao ritmo, ao tempo, aos interesses, as habilidades, as vulnerabilidades, à subjetividade de cada estudante. Que cada profissional que se propõe a trilhar o caminho dos estudos sobre autismo e educação encontre aqui um ponto de partida – um convite a um olhar que acolhe a singularidade e reconhece a urgência de transformar os espaços tradicionais existentes em territórios mais vivos, plurais e afetivos. Que possamos, enfim, transformar o olhar para as pessoas autistas, reconhecendo nelas a potência única da experiência humana em toda sua beleza e complexidade. E que, ao final destas páginas, reste mais do que conhecimento: que floresça um chamado. Um chamado para uma revolução na educação – não armada, mas amorosa. Uma revolução que reconheça, na intersubjetividade, o fio que nos conecta; que abrace a diferença, que derrube os muros da homogeneidade, que celebre a diversidade humana em sua plenitude. Porque educar, no fim, é sempre um ato de amor. E amar é, também, transformar.

# REFERÊNCIAS


BAGAROLLO, M. F.; PANHOCA, I. A constituição da subjetividade de adolescentes autistas: um olhar para as histórias de vida. *Rev. Bras. Educação Especial.*, Marília, v. 16, n. 2, p. 231–250, maio-ago. 2010.

BAKHTIN, M. *Questões de literatura e estética.* Tradução de Aurora Bernardini *et al.* São Paulo: Hucitec, 1988.

BAKHTIN, M. *Estética da criação verbal.* 2. ed. São Paulo: Martins Fontes, 1997. 421p. (Coleção Ensino Superior).

BAKHTIN, M. *Problemas da poética de Dostoiévski.* Tradução Paulo Bezerra. 4a ed. Rio de Janeiro: Forense Universitária, 2008.

BAKHTIN, M. *Para uma filosofia do ato responsável.* Tradução de Valdemir Miotello e Carlos Alberto Faraco. 2. ed. São Carlos: Pedro & João Editores, 2012. 160 p.

BARRERA, L. B. M. O. Una ventana epistémica a la (inter) subjetividad. Las potencialidades del método etnográfico. *Revista Forum: Qualitative Social Research*, [*s. l.*], v. 17, n. 1, art. 8, enero 2016.

BEZERRA, B. O lugar do corpo na experiência do sentido: Uma perspectiva pragmática. *In:* BEZERRA, B. *Corpo, Afeto, Linguagem*: a questão do sentido hoje. Rio de Janeiro: Rios Ambiciosos, 2001. p. 13-42.

BEZERRA, P. Polifonia. *In:* BRAIT, B. (org.). *Bakhtin*: Conceitos-Chave. 4. ed. São Paulo: Contexto, 2008.

BIALER, M. *Autobiografias no autismo.* São Paulo: Toro, 2017.

BOESCH, E. E. *Symbolic action theory and cultural psychology.* Berlin: Springer--Verlag, 1991.

BOGDAN, R.; BIKLEN, S. *Investigação qualitativa em educação*: uma introdução à teoria e aos métodos. Lisboa: Porto Editora, 1994.

BOSA, C. Autismo: atuais interpretações para antigas observações. *In:* BAPTISTA, C. R.; BOSA, C. (org.). *Autismo e Educação*: reflexões e propostas de intervenção. Porto Alegre: Artmed, 2002. p. 21-39.

BOSA, C; CAMARGO, S. P. H. Competência Social, Inclusão Escolar e Autismo: Revisão Crítica da Literatura. *Psicologia e Sociedade*, Porto Alegre, v. 21, n. 1, p. 65–74, 2009.

BRAIT, B. Uma perspectiva dialógica de teoria, método e análise. *Gragoatá*, Niterói-RJ, n. 20, p. 47–62, 2006. Disponível em: https://periodicos.uff.br/gragoata/article/view/33238. Acesso em: 30 mar. 2021.

BRAS, G. P. *Estudo do Perfil Motor de Crianças com perturbações do Espectro do Autismo*. 2009. 53 p. Dissertação (Mestrado em Ciência do Desporto) – Faculdade de Desporto, Universidade do Porto, Porto, 2009

BRUNER, J. *Atos de significação*. Porto Alegre: Artes Médicas, 1997.

BUNGE, Mario. *Epistemologia*. São Paulo: Queiroz Editor, 1980.

CAMINHA, R. C. *Investigação de Problemas Sensoriais em Crianças Autistas:* Relações com o Grau de Severidade do Transtorno. 2013. 120 p. Tese (Doutorado em. Psicologia) – Pontifícia Universidade Católica do Rio de Janeiro, Rio de Janeiro, 2013.

CANDAU, V. M. Sociedade multicultural e educação: tensões e desafios. *In:* CANDAU, V. M. (org.). *Cultura(s) e educação*: entre o crítico e o prós-crítico. Rio de Janeiro: DP&A, 2005. p. 13-38.

CAVALCANTE, T. C. F.; FERREIRA, S. P. A. Impedimentos cognitivos e acessibilidade comunicacional na escola: contribuições da teoria de Vygotsky. *Ciência e Cognição*, [*s. l.*], v. 16, n. 3, p. 43-56, dez. 2011. Disponível em: http://pepsic.bvsalud.org/pdf/cc/v16n3/v16n3a05.pdf. Acesso em: 18 dez. 2023.

CLARK, K.; HOLQUIST, M. *Mikhail Bakhtin*. São Paulo: Perspectiva, 1998.

COOL, C.; PALACIOS, J.; MARCHESI, A. *Desenvolvimento Psicológico e Educação*: Psicologia Evolutiva. Porto Alegre: Artes Médicas, 1995. 356 p. v. 1.

CZERMAK, R. Subjetividade e clínica: Notas preliminares para uma cartografia do autismo. *In:* JR. BEZERRA, B. *Corpo, Afeto, Linguagem*: a questão do sentido hoje. Rio de Janeiro: Rios Ambiciosos, 2001. p. 299-315.

ELLIS, C. *The Ethnographic I*: A Methodological Novel About Autoethnography. Walnut Creek: AltaMira Press, 2004.

FARACO, C. A. Aspectos do pensamento estético de Bakhtin e seus pares. *Letras de Hoje*, Porto Alegre, v. 46, n. 1, p. 21-26, jan./mar. 2011.

FIORE-CORREIA, O.; LAMPREIA, C. A Conexão Afetiva nas Intervenções Desenvolvimentistas para Crianças Autistas. *Revista: Psicologia*: Ciência e Profissão, [*s. l.*], v. 32, n. 4, p. 926-941, 2012.

FONSECA, V. *Desenvolvimento Psicomotor e aprendizagem*. Porto Alegre: Artmed, 2008.

FREIRE, P. *Extensão ou comunicação?* Rio de Janeiro: Paz e Terra, 1977.

FREIRE, P. *Pedagogia da autonomia*. Rio de Janeiro: Paz e Terra, 1996.

FREITAS, A. B. M. Contribuições da fenomenologia da percepção para compreender a corporeidade das pessoas com autismo. *Educação e Filosofia*, Uberlândia, v. 32, n. 65, p. 463–492, maio/ago. 2018.

GARDNER, H. *The mind's ner science*: a history of the cognitive revolution. New York: Basic Books, 1985.

GOERGEN, M. S. Sobre o diagnóstico em transtorno do espectro do autismo (TEA): considerações introdutórias à temática. *In:* SCHIMIDT, C. (org). *Autismo, Educação e Transdisciplinaridade*. Campinas, SP: Papirus, 2013. p. 29–42.

GRANDIN, T. *O Cérebro Autista*. 1. ed. Rio de Janeiro: Record, 2015.

GREENSPAN, S. *Filhos emocionalmente saudáveis, íntegros, felizes, inteligentes*. Rio de Janeiro: Campus, 2000.

GUEBERT, M. C. C. *Inclusão*: uma realidade em discussão. 2. ed. Curitiba: Ibpex, 2007.

GUIMARAES, D. S. *Articulações e implicações da noção de perspectiva no construtivismo semiótico-cultural para a compreensão das relações eu- outro:* possível diálogo com o perspectivismo ameríndio. 2010. 160 p. Tese (Doutorado em Psicologia) – Universidade de São Paulo, São Paulo, 2010.

HIGASHIDA, N. *O que me faz pular*: Palavras de um menino que rompem o silêncio do autismo. Rio de Janeiro: Intrínseca, 2014.

INNIS, R. *Between Philosophy and Cultural Psychology*. Switzerland: Springer, 2020.

INSTITUTO BRASILEIRO DE GEOGRAFIA E ESTATÍSTICA. Cerca de 2,3 milhões de pessoas com alguma condição do espectro autista vivem no Brasil. Rio de Janeiro: IBGE, 2024. Disponível em: https://agenciadenoticias.ibge.gov.br/agencia-sala-de-imprensa/2023-agencia-de-noticias/releases/39790-cerca-de-2-3-milhoes-de-pessoas-com-alguma-condicao-do-espectro-autista-vivem-no-brasil. Acesso em: 25 maio 2025.

JORDAN, B.; SOURCE, A. H. Interaction Analysis: Foundations and Practice. *The Journal of the Learning Sciences*, [*s. l.*], v. 4, n. 1, p. 39-103, 1995.

KANNER, L. Autistic disturbances of affective contact. *Nervous Child*, [*s. l.*], v. 2, p. 217-250, 1943.

KNOBLAUCH, H. Introduction to the special issue of Qualitative Research: video-analysis and videography. *Qualitative Research*, [*s. l.*], v. 12, n. 3, p. 250-254, jun. 2012.

LAKATOS, E. M.; MARCONI, M. de A. *Fundamentos de metodologia científica*. 6. ed. São Paulo: Atlas, 2009.

LOIZOS, P. Vídeo, filme e fotografias como documentos de pesquisa. *In:* BAUER, M. W.; GASKELL, G. *Pesquisa qualitativa do texto, imagem e som*: um manual prático. 2. ed. Petrópolis: Vozes, 2008. p 137-155. cap. 6.

LOURO, V. S. *Fundamentos da aprendizagem musical da pessoa com deficiência*. São Paulo: Editora Som, 2012.

MALEVAL, J. C. *O autista e a sua voz*. Tradução P. S. de Souza Jr. São Paulo: Blucher, 2017.

MANTOAN, M. T. E. *Ser ou estar:* eis a questão. Rio de Janeiro: WVA, 1997.

MANTOAN, M. T. E.; PRIETO, R. G.; ARANTES, V.A. (org.). *Inclusão escolar*: pontos e contrapontos. 1. ed. São Paulo: Summus, 2006.

MARC, E.; PICARD, D. *A Interação Social*. Porto, Portugal: RÉS-Editora, 2000. 237 p.

MARCUZZO, P. Diálogo inconcluso: Os conceitos de dialogismo e polifonia na obra de Mikhail Bakhtin. *Cadernos do IL*, Porto Alegre, v. 1, n. 36, p. 2-10, jun. 2008.

MARTINS, J. C. *Vygotsky e o papel das Interações Sociais na Sala de Aula:* Reconhecer e desvendar o mundo. Série Idéias n. 28. São Paulo: FDE, 1997.

MATOS, J. C. Antropologia e Educação: uma abordagem à luz de Paulo Freire. *In:* PEREIRA, C. M. R. C.; SABBATINI, M. VOSS, R. R. (org.). *Paulo Freire em debate*. Recife: Ed. Universitária da UFPE, 2013. p. 81-96.

MEIRA, L. Análise microgenética e videografia: Ferramentas de pesquisa em psicologia cognitiva. *Temas em Psicologia*, São Paulo, n. 3, p. 59-71, 1994.

MERLEAU-PONTY, M. *Fenomenologia da percepção*. 2. ed. São Paulo: Martins Fontes, 1999.

MOLL, L. C. *Vygotsky e a educação:* implicações pedagógicas da psicologia sócio-histórica. Tradução Fani A. Tesseler. Porto Alegre: Artes Médicas, 1996.

MOLON, S. I. *Subjetividade e constituição do sujeito em Vygotsky*. 3. ed. Petrópolis: Vozes, 2010.

MORIN, E. *Introdução ao pensamento complexo*. 3 ed. Porto Alegre: Sulina, 2007.

MORIN, E. *Os sete saberes necessários à educação do futuro*. Tradução Catarina Eleonora F. da Silva e Jeanne Sawaya. Revisão técnica Edgard Assis Carvalho. 2. ed. rev. São Paulo: Cortez, 2011.

MOTA, C. *Autismo na educação infantil*: um olhar para interação social e inclusão escolar. Curitiba: Appris, 2020.

NICOLESCU, B. *Educação e Transdisciplinaridade*. São Paulo: UNESCO, 1996. Disponível em: http://unesdoc.unesco.org/images/0012/001275/127511por.pdf. Acesso em: 4 abr. 2025.

NÓBREGA, T. Corpo, percepção e conhecimento em Merleau- Ponty. *Estudos de Psicologia*, Natal, v. 13, n. 2, p. 141-148, 2008. Disponível em: https://www.scielo.br/j/epsic/a/4WhJkzJ77wqK6XCvHFwsqSD/?format=pdf&la ng=pt. Acesso em: 14 fev. 2023.

NUEMBERG, A. H. Contribuições de Vigotski para a educação de pessoas com deficiência visual. *Psicologia em Estudo*, Maringá, v. 13, n. 2, p. 307-316, abr./jun. 2008. Disponível em: https://www.scielo.br/j/pe/a/dyprgK9ZnZzrpLvtjntbC-CS/?format=pdf&lang=pt. Acesso em: 18 de nov. 2023.

OLIVEIRA, Z. M. R; ROSSETTI-FERREIRA, M. C. T. *Jogo de Papéis*: uma perspectiva para análise do desenvolvimento humano. São Paulo: Universidade de São Paulo, 1988.

ORRÚ, S. E. *Aprendizes com autismo*: Aprendizagem por eixos de interesse em espaços não excludentes. Rio de Janeiro: Vozes, 2016.

PASSERINO, L. M. *Pessoas com Autismo em Ambientes Digitais de Aprendizagem:* estudos dos processos de Interação Social e Mediação. 2005. 317 f. Tese (Doutorado em Informática na Educação) – Universidade Federal do Rio Grande do Sul, Porto Alegre, 2005.

PINHEIRO, M.; LEITAO, S. Bakhtin e a "vida dos outros". *Rev. Mal-Estar Subj.* [online], v. 10, n. 1, p. 87-110, 2010. ISSN 1518-6148.

RAMPAZZO, S. E. *Desmitificando a metodologia científica*: guia prático para produção de trabalhos acadêmicos. Erechim: Habilis, 2008.

REGO, T. C. *Vygotsky:* uma perspectiva histórico-cultural da educação. Petrópolis: Vozes, 1995.

RONDEL, L. D. S. Las perspectivas nomotética e idiográfica em el trato a la realidad estudiada por las ciências sociales. *Orientación y Consulta*, Maracay, v. 9, n. 1, p. 46-55, 2002-2003.

RORTY, R. *Contingência, ironia e solidariedade.* São Paulo: Martins Fontes, 2007.

SAAD, A. P. R.; BASTOS, P. R. H. O.; SOUZA, G. A. C. Adolescentes com Transtorno do Espectro Autista: singularidades do desenvolvimento psicossocial. *Revista Educação Especial*, Santa Maria, v. 3, p. 1-24, 27 maio 2020. Disponível em: https://periodicos.ufsm.br/educacaoespecial/article/view/41858/pdf. Acesso em: 15 fev. 2022.

SADALLA, A. M.; LAROCCA, P. Autoscopia: um procedimento de pesquisa e de formação. *Educação e Pesquisa*, São Paulo, v. 30, n. 3, p. 419-433, set/dez. 2004.

SANTOS, B. S.; NUNES, J. A. Introdução: para ampliar o cânone do reconhecimento, da diferença e da igualdade. *In:* SANTOS, S. *Reconhecer para libertar*: os caminhos do cosmopolitismo multicultural. Rio de Janeiro: Civilização Brasileira, 2003. p. 25-68.

SASSAKI, R. K. *Inclusão:* Construindo uma sociedade para todos. 5. ed. Rio de Janeiro, Wva, 2003.

SCHEUER, C. Distúrbios da linguagem nos transtornos invasivos do desenvolvimento. *In:* BAPTISTA, C. R.; BOSA, C. (org.). *Autismo e Educação*: reflexões e propostas de intervenção. Porto Alegre: Artmed, 2002. p. 51-66.

SCHWARTZMAN, J. S. *Autismo Infantil.* São Paulo: Memnon, 2003.

SCORSOLINI-COMIN, F. Diálogo e dialogismo em Mikhail Bakhtin e Paulo Freire: Contribuições para a educação a distância. *Educação em Revista*, Belo Horizonte, v. 30, n. 3, p. 245-265, jul./set. 2014.

SIMÃO, L. M. *Ensaios dialógicos:* compartilhamentos e diferença nas relações eu-outro. São Paulo: Hucitec, 2010.

SIMÃO, L. Culture as a Moving Symbolic Border. *Integr Psychol Behav Sci*, [*s. l.*], v. 50, n. 1, p. 14-28, 2016.

SKILIAR, C. A inclusão que é "nossa" e a diferença que é do "outro". *In:* RODRIGUES, D. (org.). *Inclusão e Educação*: Doze olhares sobre a educação inclusiva. São Paulo: Summus, 2006. p. 15-34.

SOARES, M. V. Aquisição da Linguagem segundo a Psicologia interacionista: três abordagens. *Revista Gatilho*, Juiz de Fora, v. 4, p. 1-24, 2009.

SURDI, A. C.; KUNZ, E. A fenomenologia como fundamentação para o movimento humano significativo. *Movimento*, Porto Alegre, v. 15, n. 2, p. 187-210, abr./jun. 2009.

TOMASELLO, M.; CARPENTER, M.; CALL, J.; BEHNE, T.; MOLL, H. *Understanding and sharing intentions*: The origins of cultural cognition. *Behavioral and Brain Sciences*, [*s. l.*], n. 28, p. 675-691, 2005.

VALSINER, J. Bi-directional cultural transmission and constructive sociogenesis. *In*: MAIER, R.; GRAAF, W. (ed.). *Mechanism os sociogenesis*. New York: Springer, 1993. p. 47-70.

VALSINER, J. *The guided mind*: A sociogenetic approach to personality. Cambridge: Harvard Univcrstiy, 1998.

VALSINER, J. *Fundamentos da Psicologia Cultural*. Tradução de A. C. de S. Bastos. Porto Alegre: Artmed, 2012.

VALSINER, J. A função nomotética da abordagem idiográfica: olhar de dentro para fora. *Journal of Person-Pesquisa Orientada*, v. 2, n. 1, p. 6-17, 2016.

VAN DER VEER, R.; VALSINER, J. *Understanding Vygotsky*: a quest for synthesis. Cambridge/Massachusetts: Blackwell, 1991.

VAN DER VERR, R.; VALSINER, J. *Vygotsky*: uma síntese. São Paulo: Unimarco/ Loyola, 1996

VYGOTSKI, L. *Fundamentos da Defectologia*: Obras Escogidas V. Madri: Visor, 1997.

VIGOTSKI, L. *A formação social da mente*: O desenvolvimento dos processos psicológicos superiores. 7. ed. São Paulo: Martins Fontes, 2007.

VIGOTSKI, L. *A construção do pensamento e da linguagem*. São Paulo: Martins Fontes, 2010.

WHITMAN, T. L. *O desenvolvimento do autismo*. São Paulo: M. Books do Brasil Editora, 2015.